「いじめ」や「差別」をなくすためにできること

香山リカ Kayama Rika

JN165933

★——ちくまプリマー新書
283

目次 * Contents

はじめに

私の仕事は「精神科医」です。医学部を出て、医師免許を取得し、自分の専門を選ぶときに「精神科」を選んだ人が精神科医となります。だから、持っている資格としては、内科医や外科医などと同じです。

我ながら、精神科医の仕事は「ちょっと不思議だな」と思います。

たとえば、診察室にやって来た患者さんの病名を決めていく（診断と言います）やり方も、内科医などとは少し違います。「からだがだるくて」という人が内科にやって来たら、内科医はまず「いつからですか？」「『だるい』というのはどのくらいですか？起き上がれないくらい？　それとも会社には行けるけどいつもと違う、という程度ですか？」などとことばによる質問（問診）を行うでしょう。そして、「ではちょっと口をあけて」と喉の奥が赤く腫れていないかを確かめたり、聴診器を胸にあてて呼吸の音を聴いたりするかもしれません。これは「視診」「聴診」です。さらに、「おなかは張ってないですか」と患者さんに横になってもらい、手でおなかを触ってみる、「触診」を行うこともあるでしょう。

それでも診断がつかない場合、次に行うのは「検査」です。体温計で熱を測ったり、鼻に綿棒のようなものを入れて粘膜を採ったり、注射器を腕に刺して血を抜いたり、胸のレントゲンを撮ったり、といったいろいろな検査を受けた経験をしたことがある人もいるはずです。内科医はそういった検査の結果（数字や画像）を見て、それまでの「問診」「聴診」「視診」「触診」の結果とあわせて考えながら、「そうですね……。肺炎ではないしインフルエンザの検査結果も陰性、でも熱は三八・五度とずいぶん高いですね。いわゆる風邪と診断されますが、軽症ではないので薬を飲んで今週は学校も休んでください」と診断と治療方針を伝えます。

それに比べると、精神科の診察と診断はずいぶん違います。「聴診」「触診」などはほとんどしません。「検査」も行うことはありますが、それだけで診断がつくことはまずないのです。

では、精神科ではどうやって診察を進めると思いますか。

それは、最初の「問診」の部分をていねいに行うことによってです。精神科ではとにかく、「どんなふうに調子が悪いのですか」「それはいつからかわかりますか」「何か思いあたるようなきっかけはあるでしょうか」と細かく質問してそれにこたえてもらったり、患者さんが「実は……悩みごとがあるのです」などと言うときは「わかりました。どうぞお話ください」と自分のことばでゆっくり話してもらったり、「ことば」を大切にするのです。もちろん、話し出したとたん、泣いてしまって話せなくなる人もいますが、「ことばが出てこない」というのもある意味で大切な「ことば」だと思うので、そこで「どうしたのですか？　早く話してくださいよ。黙っていてはわからないですよ」などとは言いません。

そうやってじっくり話を聴いて、うつ病、パニック障害、過食症・拒食症、トラウマ後遺症といった診断をつけていくのですが、診断の名前よりも大事なのは、その人が「つらい、生きづらい」と感じていることだ、と私は思っています。だから、ときにはその診断の名前よりも「どうしてそうなったのか」のほうに話をしぼり、いっしょに解決のために何をすればいいのか、考えることも少なくありません。

そこで気づくことがあります。そのひとつは、「みんな、本当に違う人間なんだな」ということです。

これまで診察室で何千人もの人に会ってきましたが、「この人たちはまったく同じだ」という人は、誰ひとりとしていませんでした。

同じ地域に住んでいても、同じ学校に通っていても、同じ災害を経験しても、考え方やとらえ方はひとりひとりまったく違います。もちろん、好ききらい、得意や不得意、性格などは親子やきょうだいであっても驚くほど違うのです。

そして、もうひとつ気づくことがあります。それは、患者さんたちと「どうしてそうなったのか」と考えていく中で、その「ひとりひとりがまったく違う」ということを誰かに責められたりバカにされたり、ときには攻撃されたりして傷ついている人が少なくない、という悲しい事実です。そして、そういう人たちは最近、増えてきています。

その「違い」の多くは、その人のせいでもないし、悪いことでもありません。それなのに、「違い」が攻撃される。その人たちには「これは、まったくあなたのせいじゃないですよ」と言って、いっしょにため息をついてしまいます。

その人の考え方がマイナス思考だからではない。その人の性格が弱いからでもない。その人が努力をしなかったからでもない。そんなケースです。

ではなぜ、本人には何の責任もない、あたりまえの「違い」を誰かから批判されたり攻撃されたりして、多くの人が「生きづらい」と感じなければならない状態になっているのでしょう。

この、「『違い』を攻撃されること」は、差別やいじめ、ハラスメント（いやがらせ）と呼ばれています。

この本では、なぜそんなことが起きるのか、どうすればそれを解決できるのかについて、いっしょに考えてみたいと思います。

第一章　「いじめ」はどのように始まるの？

「ヘイトスピーチ」って何？

この本は、学校や職場など、日常の中で起きるいじめや差別について知り、そのなくし方を考える本です。

その差別やいじめの中でも特別にひどいものが、ヘイトスピーチと呼ばれる現象です。ちょっと極端な話に思えるかもしれませんが、まずこの話からしてみましょう。ヘイトスピーチとは何か、ということについてはあとでくわしく説明しますが、ここでは人種、民族などについてひとを激しくののしったりいやがらせをして追い出そうとしたりすること、と理解しておいてください。

実は、診察室にもこのヘイトスピーチの被害を受けた人たちがやって来ることがあります。その多くが、いま日本に約三三万人いるという、在日韓国人、在日朝鮮人と呼ばれる人たちです。この人たちはまとめて「在日コリアン」と呼ばれることもあります。この在日コリアンたちの中には、日本で生まれて育ち、日本の会社で働いていて、韓国語が話せない人も少なくありません。日本国籍を取っていなければ日本の選挙権はありませんが、税金は日本に納めています。

ここで大切なのは、日本で生まれた在日韓国人、朝鮮人は、自分でそういう立場を選んだわけではないということです。気がついたら韓国からやって来た親たちのもとに生まれ、日本の学校に行く中で、親から「でも日本の国籍はないんだよ」とあるとき聞かされた、という人もいます。

二〇〇五年あたりから、その在日韓国人、朝鮮人に関して「税金や就職で得をしている」といった噂《うわさ》を、主にインターネットに流す人が現れました。これは完全なデマ、ウソです。そして二〇一〇年頃からは、「保守的な考え方を持つ市民団体」を名乗るグループが、東京の新大久保や大阪の鶴橋など在日韓国人、朝鮮人が多く住む町で、「(朝鮮人は)半島に帰れ」「日韓国交断行!」、さらにはもっとひどい悪口や生命を脅かすようなことばを大声で怒鳴りながら、デモ行進を行うようになっていったのです。

これが、差別をあおるようなことば、つまりヘイトスピーチを広めることを目的とした、ヘイトスピーチデモです。

これが一気に社会で問題になったのは二〇一三年です。この年はとても多くのヘイトスピーチデモが全国のあちこちで行われ、新聞などでも少しずつ、「こんなことが行われている」と報道されるようになってきたのです。

そして、「ヘイトスピーチ」は二〇一三年の流行語大賞にも入選しました。これはもちろん、よいことばだからではなく、社会的に注目を集めたからです。

ただ、その頃はまだまだヘイトスピーチということばを知っている人はそう多くなかったはずですから、この流行語大賞入りではじめて「へえ、そんなことばがあるのか」と知った人も多いでしょう。このときの授賞式にはヘイトスピーチの問題にくわしく、実際のデモへの抗議行動にも参加している政治学者の五野井郁夫《ごのいいくお》氏が出席して、「これをきっかけに関心を持つ人が増えて解決につながれば」といった内容のスピーチをしました。

この「ヘイトスピーチ」は、実際にどのような影響を及ぼすのでしょうか。診察室にやって来たヘイトスピーチデモの目撃者の在日コリアンは、こう言っていました。

「私自身のことではないとわかっていました。でも、『韓国人はたたき出せ』『ゴキブリ朝鮮人を追い出せ』といったことばを耳にしたとき、頭の中が真っ白になりました。そして、たまたまそこを通りかかっただけなのに、まわりの人たちが私を指さして『こいつも在日だぞ』と言い出すんじゃないか、とドキドキしました。その場を急いで立ち去りたかったけど、足が動かない。ぼうぜんとその場に立ち尽くしていました。デモが通り過ぎたあと、目からは涙がボロボロ流れ落ちました」

そのあとも繰り返しその場面を思い出し、そのたびに心臓がドキドキして涙があふれる、という症状にその人は悩んでいました。会社の会議で発言しようとしても、デモの光景が目に浮かび、「おまえは在日だろう、出て行け」と誰かが言い出すのではないか、と思うと言葉が出てこない、と言うのです。ヘイトスピーチはそれを言われた人たちの心を傷つけ、ときには破壊してしまいます。

それから三年経った二〇一六年、このヘイトスピーチ対策が大きく前進しました。自民、公明両党が四月五日、「不当な差別的言動は許されないことを宣言する」と明記した法案の提出を了承したのです。この法案は議員立法として提出され、四月と五月に国会で審議されて成立し、六月三日に公布されました。早い段階からヘイトスピーチデモが行われる際にその場に出かけて抗議行動を行ってきた「カウンター」と呼ばれる人たちや、人権団体、弁護士などの中には、「やっとここまで来たか」と一定の評価を与えている人も多いようです。

ただ、この法律にはいくつかの懸念の声も上がっています。まず、日本には「表現の自由」を保障する憲法があるので、それとのかね合いで今回の法案は禁止規定や罰則を設けない「理念法」と位置づけられたことです。理念法にとどまっている限り、実際に公道でヘイトスピーチデモを中止させる力にはなりません。ただ、デモをする人に「これは法律違反」と伝えられた意義は大きいと思います。

そしてもうひとつ、この法律には本質的な問題があります。それは、この法律ではヘイトスピーチの定義が「本邦外出身者に対する不当な差別的言動」となっていることです。少しむずかしいのですが、その箇所を具体的に見てみましょう。

「専ら本邦の域外にある国若《も》しくは地域の出身である者又はその子孫であって適法に居住するもの（以下この条において「本邦外出身者」という。）に対する差別的意識を助長し又は誘発する目的で公然とその生命、身体、自由、名誉又は財産に危害を加える旨を告知するなど、本邦の域外にある国又は地域の出身であることを理由として、本邦外出身者を地域社会から排除することを煽動《せんどう》する不当な差別的言動をいう。」（法案第二条）

これはおそらく、ヘイトスピーチデモの対象になることがもっとも多い在日韓国人、在日朝鮮人を念頭において作られた定義なのでしょう。しかし、とくに最近、「出て行け」「消えろ」といった差別、排除のひどいことばを投げつけられる人たちの種類はどんどん増えています。たとえば、北海道出身の私が関係しているところでいえば、アイヌがそうです。アイヌは日本国籍を持つ日本生まれの日本人ですが、民族は「アイヌ」です。明治以降、本州から北海道へのいわゆる和人の入植によってアイヌと和人の結婚による子孫も生まれていますが、その中にも「私はアイヌ」と強く意識（自認）している人もいるのです。ふだんは現代の日本人として働いたり生活したりしているのは当然ですが、その中にもアイヌの文化、習俗を大切にしている人がいます。

現在、国際的にも、民族の決定ではこの「自認」が重要視されることになっています。しかし、日本ではそれが排外主義的な考え方を持つ人たちから「あいまいだ」と突っ込まれ、そこから「アイヌなんていない」と民族としてのアイヌの存在を否定される事態にまでなっているのです。また日本にはアイヌ文化を振興するための推進法があるのですが、「アイヌはこの法律を悪用して利権を得ている」といった心ないデマを流す人もいます。さらには、これらの差別煽動につながる中傷やデマは、二年ほど前からネット上からリアルに移り、地方議員が議会で議事にしたり、公道でのヘイトスピーチデモのテーマにしたりするようになりました。私と交流のあるアイヌの人の中には、「アイヌだと知られたら殺される時代が来るのではないか」と強い恐怖におびえている人、実際にうつ病をわずらい心療内科を受診する人などもいるほどです。

ヘイトスピーチ問題の基礎文献とされる弁護士・師岡康子《もろおかやすこ》氏の『ヘイト・スピーチとは何か』(岩波新書)では、このヘイトスピーチを「人種、民族、国籍、性などの属性を有するマイノリティの集団もしくは個人に対し、その属性を理由とする差別的表現」

とし、さらにその本質はただの差別ではなく、「差別、敵意又は暴力の煽動」だとしています。つまり、自分の努力や心がけではどうにも変えられない、あるいは変えたくない属性に対し、それを差別、攻撃して排除しようとする言動や煽動がそれにあたる、ということです。だとしたら、先のアイヌだけではなく、たとえば沖縄で「私は琉球民族」と自認する人たち、さらには難民申請をしても認められないまま日本に滞在する外国人などを差別したり、「出て行け」「消えろ」と言ったりするのも、本来はヘイトスピーチに加えるべきであるのは明らかなのです。もっと言えば、心身障碍者《しんしんしょうがいしゃ》、生活保護受給者、LGBTの方々などへの差別や排除を示唆する言動も当然、ヘイトスピーチと見なされるべきだと個人的には考えています。

そして、実際にヘイトスピーチ対策法が施行されてから、たしかにヘイトスピーチデモは減りました。それをやっている人たちも、いくら逮捕などはされないと思っても、自分たちは法律で許されないことをしている、とはわかっているのでしょう。

ただ、目につかないところ、たとえばネットでのヘイトスピーチは相変わらずです。そしていまは、在日コリアンなどの外国人に対してではなく、沖縄で米軍基地建設に反対する人たちを機動隊員が「土人」と呼ぶなど、別の形のヘイトスピーチが問題になっています。

せっかくできた法律ですから、少しでも社会の中で生かされ、人の心を傷つけ、破壊するヘイトスピーチがなくなるのに役立ってほしい、と願っています。

ここまでの話を読んで、多くの人たちは「ヘイトスピーチってひどいな」「被害者の在日コリアンの人たちは気の毒だな」と感じたでしょう。でも同時に、「私は実際のヘイトスピーチデモなんか見たことはない」「私は差別の心は持っていないし、こんなデモに参加することはないから、あまり関係ない」と思ったのではないでしょうか。中には、「私は在日韓国人、朝鮮人ではないから、被害を受けることもない」と思った人もいるでしょう。それは当然です。

しかし、みんなが顔をしかめるヘイトスピーチデモをする人だけが差別をしているのでしょうか。

被害を受けるのは、在日韓国人、朝鮮人など〝特殊な人〟だけでしょうか。

それは違います。

差別やいじめ、ハラスメントは誰もがするかもしれないし、誰もが受けるかもしれないのです。

次に、もう少し身近な例をあげてみましょう。

「いじめ」は突然始まる

いじめは、昔もいまも多くの子どもや若者にとって大問題です。いえ、若い人だけではありません。いじめはおとなになっても大きな問題です。診察室にもその被害者がときどきやって来ます。たとえばこんなケースです。

三二歳のミナエさんは、専門学校を卒業して大きな会社に就職し、ずっと経理の仕事を続けています。パソコンを使ってその日の売り上げを計算したり表にまとめたりする仕事は自分にあっていると感じ、一〇年以上、やりがいを感じながらつとめてきました。まわりの同僚たちともそれなりにうまくつき合い、たまには仕事帰りに数人で食事をすることもあったのです。

ところが最近、新しい上司が異動してきてから、なんだか職場の雰囲気が変わってきました。

その人は自分と同じ年齢の女性なのですが、立場としては自分よりも上なので上司にあたります。でも、経理の仕事にはなれておらず、うまく部下に指示を出すこともできません。

仕事がはかどらずイライラしている上司に、ミナエさんはさりげなくアドバイスをすることがありました。すると上司は、「わかってます」「私もそれくらい知ってる」などと言いながらなんとか仕事をこなし、さらにイライラをエスカレートさせてコーヒーカップをバンッと音を立ててデスクに置いたりするのです。「どうしよう」と思いましたが、ミナエさんにはどうすることもできませんでした。

そしてあるとき、事件が起きました。経理部で予定されていたパーティの情報を上司がミナエさんに送ってくれず、当日になってからわかったのです。同僚たちがみなおしゃれをしているので「今晩、何かあるの？」ときいたところ、一ヶ月以上前に上司からのメールでその会の予定が回ってきた、と話してくれました。

上司に「今晩の会合、私は聞いていませんが」と申し出ると、「メールしたはずです」という答えが返ってきます。「いえ、見てません」と言っても、「そんなはずはない。私のパソコンに記録が残っているからあなたが見落としたのでしょう。今日はこの会社の創業者も来る大事なパーティだから必ず出席してください」と強く言われました。

そこまで言われるとそれ以上、「いえ、メールは来てません」とも反論できず、ミナエさんは仕方なくパーティに出ることにしました。

仕事が終わって到着した会場は、豪華なホテルの宴会場です。セーターにパンツでほとんどノーメイク、というふだん着姿なのはミナエさんだけで、ほかの人たちはみなファッショナブルな服装、女性はメイクもバッチリしています。きわめつけはその上司で、定時より一時間早く職場を出たと思ったら、なんと和服姿で会場に登場。美容室で着付けをしてきた、という上司は、「やっぱりその場、その場に合った服装やメイクってありますし。それも仕事のひとつだと思います」と近くにいた社長や役員に言いながら、ミナエさんのほうにチラッと目を向けたのです。

さらにショックだったのは、同僚たちが誰も「ミナエさんはこのパーティのこと、知らされていなかったんです」などとかばってくれず、中には和服姿の上司とふだん着のミナエさんを見てクスクス笑うような人までいた、ということです。ミナエさんはその場を逃げ出したくなりましたが、上司から「取引先の方も来ているので、飲みものをわたしてください」などといろいろな用事を言いつけられ、結局、最後まで会場から出ることができませんでした。

ミナエさんはそれから、「私はあの上司にきらわれているんだ。私だけ意地悪されているんだ」「まわりの人たちも助けてくれなかった」と思うようになり、夜など「明日も会社だ」と思うだけで涙が止まらなくなりました。食欲もなくなり体重もどんどん減ってしまい、めまいや頭痛などのからだの症状も出てきました。ミナエさんは、「もう仕事に行く元気もないし、家に帰っても何もできません」と診察室で涙を流しながら話し、医学的にも「うつ病」と考えられたので、しばらくのあいだ仕事を休んで家で療養するよう、診断書を書きました。

ミナエさんは、「上司になぜきらわれたのか、どうしてもわからない」と言います。「年齢もほとんど同じ、どちらもまだシングルだし、どちらかというと『似たものどうし』だな、と思っていました。しかも、仕事上の立場は向こうのほうが上だし、私なんかに意地悪やいやがらせをする理由はなにひとつないのです。私がなにか、悪いことをしたのでしょうか？」。ミナエさんにとっては、「なぜ私がその上司に意地悪されるのか」という理由がどうしても気になるのでしょう。そして、その理由は仕事の仕方や話し方など、自分の側の〝何か〟に関係しているのだろう、と考えているのだろうと思います。

しかし、おそらくミナエさんには何も問題はありません。逆に「似たものどうし」で「何もしていない」からこそ、ある日突然、意地悪やいやがらせというより〝おとなのいじめ〟の対象に選ばれてしまったのです。

対象はほとんど同じでちょっと違う誰か

実は、「ほとんど同じでちょっとだけ違う」という相手が、いじめの対象になりやすい。

これは、子どもや若者でも同じだと思います。というより、子どもの場合、ほとんどのいじめには大した理由はないし、始まりのきっかけもない、ということが多いのです。とくに子ども、それも思春期といわれる一〇歳から一七歳くらいまでの年齢の人たちの心は、とても不安定です。突然、変化が訪れて、昨日まで仲が良かったこと、共通の趣味のことなども全部忘れたかのように、まわりにいる誰かに敵意を向けることがあります。しかも、そのときに選ばれるのは、その人とまったく違う人ではなく、むしろ「よく似ているけれどちょっとだけ違う誰か」なのです。

なぜ、「ほとんど似ているけれどちょっとだけ違う誰か」がいじめの対象になりやすいのか。

その問題については、またあとでじっくり考えてみたいと思います。

いじめの場合、最悪なのは、何人かでひとりをねらって、無視したり意地悪をしたりする「集団のいじめ」です。その場合も、誰かが「あの人、気に食わないな」とまず思い、それがあっという間にまわりに伝わって、「そうだよね」「私もそう思ってた」などと言い出す人たちが現れます。みんながいっせいに同じ気持ちになるのではありません。

おとなのミナエさんでさえ、仕事に行けなくなったのです。子どもや若い人の場合、いくら気にしないようにしようとしても、いじめにあうと、悲しくつらくみじめな気持ちになってしまいます。「もう学校に行きたくない」と思う人もいるのは当然です。

ここでもう一度、繰り返すと、いじめの問題で大切なのは、「いじめられる本人には、そんなことをされる理由などない」ということです。そしてもうひとつ、「よく似ているけれど少しだけ違う人がその対象になりやすい」ということ。

いじめにあうと、多くの子どもが「私、なにか悪いこと、しちゃったかな」と理由をあれこれ考えようとします。「テレビの歌番組の話になったとき、私だけ〝見てない〟って言っちゃったことかな。それとも、ソフトボール大会で負けたのは私のせいってみんな思ってるのかな……」

こうやっていろいろ考える人もいるかもしれませんが、いじめにはきっかけもはっきりした理由もないのです。そうやって最初の人がいじめを始めると、まわりの人たちは「なんとなく自分も加わらなければいけないと思った」「〝それっていじめじゃないの？〟と言うと自分がいじめられるかもしれないから」といった、本当にあいまいな理由でいじめに参加するようになります。つまり、いじめる側の人たちはみんな、「どうして私、この子のことをいじめてるのかな」ということが、よくわかっていないのにやっているのです。

だとしたら、いじめなんかすぐにやめるべき。誰もがそう思うでしょう。「どうしてやっているのか、わからない」と思いながらいじめるなんて、ひどい話だということは誰にもすぐにわかるはずです。でも、いったんいじめに加わってしまうと、それができなくなるのです。それは、ある相手を決めてその人をみんなで笑ったりいやがらせをしたりしているうちは、「私はこの人たちと仲間なんだ」という結びつきを強く感じることができるからです。そして、「もし、いま私だけやめたら、今度は私があの子みたいにいじめられるかもしれない」という恐怖も感じるでしょう。それを打ち消すためにも、「あの子、またおかしなことを言ってたよ」「ホントにキモいよね」と集団いじめを続けなければならなくなるのです。

だから、私はミナエさんには、「どうして自分は意地悪されるのか」と理由を考えるのはやめてください、と言いました。それは、考えてもわからないし、理由はいじめを受けるミナエさんの側にはまったくないからです。

いじめを受けたら逃げ出そう！

もし、あなたがかさを持たずに学校に行って、帰り道、突然、ザーッと雨が降ってきたらどうしますか。

「しまったー！　かさを持ってくればよかった。でも、天気予報で雨になるなんて、言ってなかったし……。ホントについてないよ」

そう思いながら、雨から逃げるように、駆け足で家まで帰るでしょう。

そして、家に入ったら、「わー、ずぶぬれだ。早く拭かなければカゼひいちゃうよ」なんて言いながら、タオルで髪や顔を拭くのではないでしょうか。親が家にいたら、「服がビショビショだよー、着替えなきゃ」と言って、着替えの服の用意を手伝ってもらうかもしれません。

そこで、「どうして雨なんか降ったんだろう」「どうして私はかさを持っていかなかったんだろう」と、あれこれ考える人はいないはずです。

実は、いじめが起きたときも、これとほとんど同じだと考えるべきです。

「どうして私がいじめに？」といくら考えても、結局、答えはわかりません。いじめの原因は一〇〇パーセント、いじめをする側にあるのです。

では、「私っていじめにあってるんだ！」と気づいて、「なんとかしなくちゃ」と考えたら、何をすればよいのでしょう。

することは、ふたつです。

まずは、雨から逃げるように、いじめから逃げ出すことです。いじめじたいからすぐに逃げることがむずかしいときは、とりあえず、「いじめのつらさ、悲しさ」から逃げるのです。

いじめについて、いったん考えるのをやめて、少しでも心が落ちつくようなことをしてみましょう。横になって眠れそうなら、眠るのでもいいのです。いつも聴いている好きな音楽を聴く、というのもいいと思います。

お菓子が好きな人なら、うちにあるお菓子を食べる。本棚にある好きなマンガを手に取ってみる。なわとびが得意な人なら、庭に出て一〇分くらい〝ひとりなわとび大会〟。もちろんゲームでも読書でも、ピアノを弾いたり犬と散歩に行ったりするのもオーケーです。

とにかく、何でもよいので、あまり考えずにできることを二〇分でも一時間でもやってみて、いったん、いじめというショックなできごとから、心が離れるようにしてみるのです。

「でも、逃げるってよくないことじゃないの」

そう思う人もいるかもしれませんが、いじめのような緊急事態では、緊急の〝逃げ〟は少しも悪いことではありません。逃げて、自分の心を休ませる。すべてはそれからです。

もちろん、「じゃ、お菓子作りでもしようかな」とクッキーの粉をこねているときでも、いじめられたことが頭をグルグルかけめぐるかもしれません。でも、そんなときでも、自分で自分に言い聞かせるのです。

「だいじょうぶ、いまは考えない、考えない」

そうやって、ショックを受けたあとの一時間か二時間を、なるべく〝別のこと〟をしながらすごすだけで、心はかなり休息を取ることができるのです。そこで、「どうして私がいじめられるの?」と考えすぎると、ただでさえ傷ついている心は、よけいに疲れて弱ってしまいます。

もちろん、そうやっていったん心が休まったからといって、それで問題解決、というわけではありません。

「どうして私が?」「ひどい、許せない」という悲しみや怒りの感情は、またすぐにわいてくるでしょう。「学校に行くのがこわい」という気持ちになって、涙がポロポロこぼれたり、「うーっ」と声を出してうずくまってしまったりすることもあると思います。

いじめにあい、傷ついたことで、泣いたり落ち込んだり。

それは、人間としてごくあたりまえのことです。

泣くのは、あなたが弱いからではありません。理由もないのに、いじめられているからです。

「まずは逃げよう、そして心を休めよう」。そう思っても、涙が出てきたり悲しくなったりしたときには、「だいじょうぶ、だいじょうぶ」と自分に言い聞かせながら、しばらくはそのままにしておきましょう。

無理して元気なふりをして、「平気、平気！」と動きまわったり、家族やほかの友だちとしゃべりすぎたりする、というのは、あまりおすすめできません。ただでさえ弱っている心が、もっと疲れてしまうからです。

でも、涙が出てくるような最悪な気分のときでも、三〇分くらいたったら、ちょっとこんなことをしてみてください

それは、「私はテレビのカメラマン」という気持ちになって、自分をカメラで撮影しているところを想像することです。

ちょっと離れたところから、カメラマンになって自分を撮影したら、どう見えるかな、と想像してみる。「もう二度と立ちなおれない！」「こんなひどい思いをしているのは世界で私だけ」と泣いている自分を、ちょっと他人の目で、「おお、泣いてる、泣いてる」と見てみるのです。

すると、悲しみとは別の感情もわいてきて、泣いている自分に声をかけたくなるはずです。

「二度と立ちなおれないなんて、そんなことないよ、きっと」

「たしか、去年、お父さんに怒られたときも、もう絶対、元気になれない、って思ったんじゃなかったっけ。でも、なんとかまた元気になれたじゃない。だから、今回だって時間がたてば、今よりはマシになるんじゃないの？」

「自分が世界でいちばん不幸、ってホント？　たしかにいまはすごくひどい目にあってるけど、でもまだ私には、家族もいるし好きな本もあるし……。なんとかなるんじゃないの？」

傷ついているときに、まわりの友だちや家族に「時間がたてばなおる」とか「もっとたいへんな人がいる」と言われても素直には聞けないけれど、自分で自分にかけようとしたことばなら、けっこうすんなりと心に入ってくるものです。

そして、絶対に忘れないでほしいのが、いじめで心が深く傷ついたとしても、自分のすべてが失われたり、自分のよいところまでがなくなったりするわけではない、ということです。

自分を責めないで

診察室にいると、よくこんな言葉を耳にします。

「職場でめちゃめちゃに傷つけられました。何も悪いことはしてないのに、みんなで私が何かするとクスクス笑ったり、〝あーあ〟とため息をつかれたり。もう生きている自信もなくなった。人生になんて意味はありません。」

その人の話をよく聴くと、会社でひどいいじめにあったのはたしかだけれど、その人じたいの良さや得意なことがすべて奪われたわけではありません。好きな趣味もあるし、学生時代からの友人とも、ときどき連絡を取っているというのです。

「あなた自身の価値とか意味、それからこれまであった楽しかったことなんかは、ひとつも消えてなくなってないですよ。会社でひどい目にあったのはついてなかったですけれど、それはあなたの責任ではありません。会社の人たちがひどいんですよ。

これからのあなたの未来にも、今回のことは何も関係ありません。自分で立ち直っていけますよ。今回のいじめは、会社の中だけのことです。あなたの人生全体からは、ちょっと切り離して考えましょうか」

そうやって「これがずっと続くと考えないで」とすすめると、多くの人ははっとしたような顔をします。ある人は言いました。

「そうですよね。会社が人生のすべて、みたいな気がしていました。でも、いじめが起きているのは、会社のある小さな建物の中だけのことですよね。世界に比べればほんの狭い場所。あそこを一歩出たら、ぼくをからかう人なんて、誰もいないんですよね」

そうです。いま傷ついているのはたしかだけれど、それはいまだけのこと。

傷ついたのは、あなたの心のほんの一部分。それがあなたの心の全体、生活の全部を変えてしまったり、影響を及ぼしたりすることなど、まったくないのです。そう言い聞かせて、心が丸ごと傷ついて自分まで「私はダメ人間だ」などと思い込むのをなんとか避ける。

さらにこわいことは、自分で自分のいじめに参加するようになることです。たまに、「私なんて生きてる価値がない」「私なんて消えたほうがいい」と言いながら、自分で自分を信じることも励ますこともできなくなっている人を見ます。そうやって〝自分いじめ〟が始まると、人はあっという間に最悪の気分になり、もう立ち上がれなくなります。

どんなひどい状況があっても、「私には価値がある。私はみんなの役に立っている」と思うことが大切です。

だからそのためにも、いじめの理由や原因を考えすぎて、「私のほうにも悪い点があったのでは」と思うべきではないのです。もちろん、誰にでも欠点や短所はありますが、そういったこととといじめは関係ありません。多少、自分を棚にあげても、「私は間違ってない！ いじめる側が全部、悪いのだ」と自分に言い聞かせ続けることが何より大切です。

まずは、逃げる。自分を責めない、考えすぎない。心を休める。そして、誰かに相談して、自分だけで解決しようと思わない。つらいときには、自分で自分を撮影するカメラマンになって、泣いている自分になぐさめの声をかける。

これが、いじめにあったときの原則です。

いじめにあっている友だちを見たら

友だちが、いじめられている。そう気づいたら、自分がいじめられていなくても、同じくらい、悲しくつらい気持ちになると思います。

でも、「いじめるのはやめなさいよ！」と言って、すぐに友だちを助けるのもむずかしいでしょう。

そんなことをしたら、明日から自分がいじめられる側にまわるかも、と思うからです。

そういうときにまずできるのは、「自分はいじめに加わらない」ということです。

「みんなが私をいじめているわけじゃない、私をいじめない人もいるんだ」と思うだけでも、いじめを受けている友だちにとっては、かなりの心の救いになります。いじめている人たちに、「あなたも何かすれば？」と誘われても黙ってそれには加わらない、それくらいのことならできるはずです。

そして、ときにはその友だちに、「このマンガ面白いよ」「昨日のサッカー見た？ 日本チーム強いよね」などと、いじめとは関係ないことでことばをかけてあげることができたら、もっとよいと思います。「いじめられてたいへんだね」などと、いじめの話をしなければならない、ということはないのです。

いじめのことで心も頭もいっぱいになっている子にとっては、「このマンガ面白いよ」とそれ以外の話をしてもらえたら、とても心がほっとすることでしょう。「いじめなんかやめようよ」と言えたら、もちろんそれがいちばんいいのです。

でも、それは簡単なことではありません。

そういうときにも、いじめられている友だちをいろいろなやり方で救ってあげること、ほっとさせてあげることができるはずです。「私にもできることがある」と、自信を持ってください。ここでも大切なのは、「自信」です。自信があれば、誰かがいじめを始めてもそこに加わらない、あるいはうっかりいじめに加わってしまったと気づいたときにも、「私はやめよう」とそこから抜けることができるかもしれないからです。

この章で私は、「いじめは、よく似ているけれど少しだけ違う相手に対して起きやすい」という話をしました。

では、どうしてそんなことが起きるのでしょう。

その話は、次の章で考えることにしたいと思います。実はこれはとても大切なことで、いじめだけではなく、人を傷つける差別や、さらにはさまざまな争い、国どうしの戦争などのきっかけとも関係している問題です。

「属性」は自分ではかえられない

これを読んでいるあなたは、「自己紹介をしてください」と言われたら、どう説明するでしょう。

多くの人は、まず名前、そして年齢、学生であれば学年、メールなどで顔が見えない場合は、性別を述べるかもしれません。外国での自己紹介なら国籍も話したほうがいいでしょうか。それから家族構成や趣味といった、より個人的な話に移る人が多いはずです。ちょっと架空の例をあげてみることにします（実はこの「性別」に関しても、最近は「男か女か」と簡単に決められない人がいることもわかってきましたが、ここではとりあえずわかっていることにしましょう）。

「私の名前は、松田まことです。一六歳、高校一年。国籍は日本で日本人です。まこと、というのは日本では男子に多い名前なのですが、私は女子です。家族は母親と弟。学校では吹奏楽部に入ってトランペットを吹いています」

この自己紹介の中には、自分で選んだことや自分で決めたこと、親などが決めたこと、そして生まれつき決まっていて親にも自分にもかえられないことが混じっています。たとえば、「トランペットを吹いている」というのは「自分で選んだこと」です。これは「やっぱりドラムにしよう」とかえることができます。

「松田まこと」という名前や「家族は母親と弟」というのは、主に親が決めたことです。これを自分でかえるのはちょっとむずかしいかもしれませんが、手続きを踏めば可能です。名前もかえられるし、将来、家を出て別の家族を作ることもできます。

ところが、「日本人」とか「女子」というのは、これは親が決めたことでも自分で決めたことでもなく、生まれつき決まっていたことです。先ほど触れたように、性別に関しては最近、それほど簡単には決められないことがわかってきて、おとなになってから変更することもできるようになってきました。とはいえ、ほとんどの場合生まれつきの性別はあらかじめ決まっています。「日本人」というのもそれを選んで生まれてきたわけではなく、最初から決まっていたことです。戸籍の上での「日本国籍」というのは、いろいろな手続きでおとなになってからかえることができます。

しかし、たとえばフランス人と結婚して国籍が「フランス」となっても、髪の色や顔の感じがフランス人のようになるわけではありません。髪も目も黒いまま。フランス語を猛特訓してフランス人と同じように話せるようになっても、日本から来た人にはこう言われるかもしれません。

「あなた、日本人なのですね？」

そのとき、あなたはどう答えるでしょうか。「違います！」と言うのでしょうか。おそらくそうではなくて、こう言うでしょう。

「はい。日本生まれで民族的には日本人なのですが、結婚してフランスに来ていまは国籍はフランスなのです」

そして、そのことを「こんなに上手にフランス語を話しているのにバレて残念だ」と思うか、逆に「国籍はフランスだけど民族的には日本人であることを、私はいまも大切にしている」と思うかは、その人次第です。もしも将来、フランスの国籍にかわったら顔つきや髪の色もフランス人らしくかえられる医療ができたとき、あなたは「あ、受けたい」と思うか、「いえ、私にとって日本の民族であることは誇りなのでけっこうです」と拒否するか、それもその人次第です。

いろいろ例をあげてきましたが、自己紹介するときにあげるさまざまなことがらのうち、自分ではどうしてもかえることができないもの、かえることがとてもむずかしいもの、あるいはあえてかえたくないものを属性と呼びます。

いまはあえて、「日本人がフランス人と結婚して国籍がフランスとなっても、民族としては日本人」という例をあげましたが、日本に住む私たちは、ほとんどの人が「日本国籍で民族としても日本人」なので、自分の属性について考える機会があまりありません。

アイヌ民族のこと

実は、私もそうでした。

私は北海道生まれで、実家はいまでも北海道にあります。

北海道は、かつてアイヌという人たちが住む土地でした。つまり、北海道では、アイヌはいまの一般的な日本人（和人）より先に住んでいた、先住民族だったのです。

江戸時代にそこに本州から和人たちが少しずつ移り住んで少しずつ土地や仕事を奪い、明治時代になって国の方針で一気に北海道全体が日本のものになってしまったのです。アイヌは自分たちの独自のことばや衣装、生活習慣を持っていましたが、それらも明治政府が使用を禁じました。これを「同化政策」と言います。

私は、北海道にいたアイヌの子孫ではなく、明治時代に北海道を開拓したりそこで商売をするために本州から移り住んだ和人の子孫です。その当時、本州から北海道に来た人たちは、いろいろな理由のため本州の親族と縁を切って移住することが多かったらしく、私も祖父母の親（ひいおじいちゃん、ひいおばあちゃん）のことまではなんとなく知っていますが、その上の代となるとどこから来たのか、その親戚は本州のどこにいるのか、ほとんどわかりません。

よく知られているように、北海道の地名の多くはアイヌ語に起源を持っています。私の実家のある小樽市《おたるし》も、「アイヌ語の『オタ・オル・ナイ（砂浜の中の川）』から来た」

と小学校で習いました。アイヌの歴史や生活習慣などについても簡単に学校で少し教えられた経験があります。

ただ、和人がアイヌの土地などをどうやって奪ったのか、いま北海道の内や外でアイヌの人たちがどのように暮らしているのか、といった話題が学校で取り上げられることはありませんでした。

生活する中では、アイヌの人たちに会ったことはありませんでした。

いや、もしかしたらクラスにも近所にもアイヌ民族の人はいたのかもしれません。いま北海道には約二万人のアイヌが暮らしていることがわかっているので、どこかで会ってもおかしくありません。しかし、アイヌの中には、あとで述べるようにそうとわかると差別されたりいじめられたりするかもしれない、とそれを隠している人が少なくないのです。子どもの頃はそのことを知りませんでした。

そして、アイヌと和人は見分けるのがむずかしいほど似ているので、言い出さなければまずはわからないでしょう。

いま『ゴールデンカムイ』というアイヌが大活躍するマンガが大ヒットしています。

私が子どもの頃はそういうものもなかったので、私はアイヌに関して「なんとなくかっこいいな」というとてもぼんやりしたイメージだけ持って、そのままおとなになったのです。

私はいまでも年に何回か、いま住んでいる東京と実家のある北海道を往復します。二〇一四年五月、北海道の空港でおもしろそうな本を見つけたので買い、飛行機の中で読むことにしました。マンガとコラムからなる『うんちく北海道』という本です（椿《つばき》かすが・画、池田貴夫・監修、メディアファクトリー新書）。

「北海道好きに悪人はいない」という帯のコピーには「そうだそうだ」といい気分になり、わけがあって別居中の夫婦が〝うんちく〟を語りながらなぜかいっしょに北海道を旅して歩く、というその本の設定もユニークで、とても楽しく読むことができました。

この『うんちく北海道』は全一七話構成になっているのですが、その第一四話が「アイヌ」でした。

歴史記念館でアイヌの楽器の展示を見ている父子のところに突然、主人公の男性が近づき、一方的に北海道の地名とアイヌ語との関連についてのうんちくを語り出します。

父子は最初、驚きますが、「さあ、魅惑のアイヌワールドに案内しよう！」とかつての狩猟生活や民族衣装についてどんどん盛り上がる主人公につられ、ついには父子も「アイヌの人たちってすごいなー！」と夢中になる、というストーリーでした。

そんなマンガが七ページ続いたあとに、北海道開拓記念館の学芸員である池田氏の「アイヌの歴史と文化—多文化共生への祈り」というコラムが掲載されています。

今でも残る偏見

そのコラムがとても印象に残っています。

二ページほどの短い文章なのですが、そこには「アイヌが先住民族であること」「江戸時代に次第に和人側の支配下に置かれたこと」、そしてその後、明治政府ができてアイヌは「北海道旧土人保護法という法律のもとでいろいろな決まりごとを押しつけられ、その法律がようやく廃止されたのは一九九七年になってからだったこと」「二〇〇八年、国会でアイヌが先住民族であることが決議されて国として正式に認めたこと」などがわかりやすく書かれていました。コラムの最後にはこうありました。

「しかし現在においてさえ、アイヌ民族に対する偏見や差別が払拭されたとはいい難い。民族間で互いに尊重し合い、日本文化の多様性への理解が育まれ、真の多文化共生の社会が実現されることを願ってやまない」

私は、この飛行機の中の読書でいくつものことを学びました。

それは、自分は日本人、日本人と日本民族は同じこと、とあたりまえのように思いがちだったけれど、日本にはアイヌという先住民族がいたし、いまもいるということ。

日本政府は長いあいだ、先住民族アイヌについて、その土地を奪ったり言葉を禁じたり、ひどいことをしてきたこと。

さらに、アイヌであるというだけで、いまでも差別される人がいること。

しかし、アイヌは自分たちがアイヌだということを誇りに思い、いまでもその文化などを大切にしながら生きている人が少なくないこと。

そして、何より自分でショックだったのは、北海道に住んでいたにもかかわらず、私がこれまでアイヌの問題に関してほとんど目を向けようとしなかったことです。

よりわかりやすく言うなら、アイヌの歴史、言語、文化には素直に「すごいな」と思い、偏見や差別があると聞くと「ひどいな」と思い、アイヌの文化も生かされる社会、「多文化共生社会」については「もちろんそうなるといいな」と思う、というその程度でしかなかったのです。

この「アイヌ民族」というのも、自分ではかえられない属性です。先ほど言ったように、その属性をどう思うかは、その人次第です。たとえばいまは、両親のどちらかがアイヌあるいは祖父母がアイヌであっても、あえて自分がアイヌ民族だということは意識せずに、ただ「日本人です」と言っている人もいます。もちろん、それでもいいのです。先ほどフランス人と日本人の例を出しましたが、アイヌ民族と日本人つまり和人は、見た目の違いはそれほどありません。よくアイヌ民族は「顔の彫りが深い」などと言われますが、どこにでもそんな人はいますし、髪や目の色も黒なので自分から名乗らない限り、「あなた、アイヌ民族ですね？」と言われることはまずないでしょう。

ただ、先ほど述べたように「なぜアイヌ民族だと言わないのか」という理由に、「必要がないから」ではなくて、「差別されるから」というのがあるのは悲しいことです。

北海道が二〇一三年に実施した「アイヌ生活実態調査」では、「物心ついてから今までに、何らかの差別を受けたことがありますか」という問いに対して、「ある」と答えた人が二三・四パーセント、「自分に対してはないが、他の人が受けたことを知っている」と答えた人が九・六パーセントいます。とくに多いのは「職場で」や「就職・学校で」となっています。

また、アイヌの高校進学率はアイヌ居住市町村の進学率全体の九八・六パーセントに対して九二・六パーセント、大学進学率も四三パーセントに対して二五・八パーセントと低いこともわかっています。いろいろな格差が残っているのです。

しかし逆に、それでも「アイヌ民族」という属性をとても大切にしている人もいます。その人たちの中には、たとえば母だけがアイヌ、父は和人であっても、母が先祖から受け継いできたさまざまな風習や料理などを自分も引き継ぎたい、と「アイヌであること」をより強く感じている人もいるのです。

ここで、「アイヌであることを出したくない。日本人です、とだけ言いたい」と言っている人に「アイヌだと登録してください」などと強制するのは、これはたいへんな人権の侵害です。逆に、「両親ではなくて、母だけがアイヌなのですが、私もアイヌ民族だと感じています」と言っている人に、「あなたはアイヌなんかじゃない」と否定するのもおかしな話です。

言うまでもないことですが、もちろん「アイヌ民族」という属性を大切にしている人も、国籍は日本の日本人です。「アイヌ民族の日本人」です。

ちょっと細かい話をすると、アイヌについては「北海道アイヌ協会」という組織があって、希望者はそこに登録することができます。繰り返しますが、それは強制ではなくて希望者のみです。そして、「私はアイヌなので登録したい」と希望する人に関しては、その資格があるかどうかが慎重に審査されます。両親や祖父母の誰かがアイヌで「私もアイヌ民族の一員」という人であれば、和人の親や祖父母がいても「アイヌ」と認められることが多いようですが、もしエジプトから来たエジプト人が「自分もアイヌだと感じていますので登録してください」などと言っても当然、許可はおりません。

そんなことを少しずつ学びながら、「私ももっとアイヌのことを知ろう。アイヌの人たちとも知り合いになろう」と思っていた矢先に、ある事件が起きました。

アイヌ民族を攻撃する人たち

二〇一四年八月一一日、当時札幌《さっぽろし》市議会議員だった金子《かねこ》快之《やすゆき》さんが、SNSのツイッターに、こういう投稿を行ったのです。

「アイヌ民族なんて、いまはもういないんですよね。せいぜいアイヌ系日本人が良いところですが、利権を行使しまくっているこの不合理。納税者に説明できません」

私は最初にこれを見たとき、この人が何を言おうとしているのか、よく理解できませんでした。そして、この投稿に対するほかの人たちのいろいろな意見を読んで、ようやく意味がわかりました。金子元市議会議員は、ふたつのことを言おうとしているのです。まず、「アイヌ民族はもうすっかり日本人として社会に溶け込んでおり、あえてひとつの『民族』だなどと言う必要はないこと」。そしてもうひとつ、「それでも『私はアイヌ民族だ』と主張する人たちは、アイヌに対する国や北海道の政策を利用して得をしようとしているのだということ」。

先ほども話したように、アイヌ民族は国会で日本の「先住民族」だということが正式に決定されており、国や北海道は「アイヌ文化の振興と普及啓発」と「アイヌの人々の生活の向上」のためのいろいろな施策や対策を行っています。これも先に話した通り、アイヌの人たちは明治政府の方針により自分たちの生活習慣を捨てるように指導されたり、土地やそこでの仕事を奪われたりしてきました。さらに、本州からやって来た和人からの差別はいまでも続いています。そんな背景があって収入や大学の進学率が同じ自治体の平均より低い状態のアイヌに対して、「農林漁業の経営を近代化するための補助」や「住宅を新築する資金の貸し付けに対する支援」などが行われるのは、ごくあたりまえのことと考えられます。また、かつては明治政府により使うのを禁じられたアイヌ語ですが、いまは世界に残る貴重な言語として国もそれを守ろうとしています。そのため、アイヌ語の指導者を育成したりアイヌ語のテキストを作ったりする事業にも力が入れられています。

「アイヌ民族なんてもういない」と投稿した金子元市議は、いま「私はアイヌ民族だ」と主張する人たちは、こういった補助や支援を得ること、つまりお金を目的としてそう言おうとしているはずだ、と言いたいのです。それが「利権」という意味です。

私は「そんな人がいるわけないではないか」と驚いたのですが、「私はアイヌ民族です」と名乗っている人たちも驚き、怒りをあらわにしました。

私の知人で東京に住むアイヌのひとりは、ふだんはスーツを着こなす会社員として仕事をしており、あえて口にしなければアイヌかどうかなど、まったくわかりません。彼はふだんこう言っていました。

「私はアイヌなんです、と名乗ると、まわりの人の見る目が変わります。ふつうの日本人じゃないんだ、と思われるのでしょう。それでも、私は祖先がアイヌとして北海道で生きてきたことを誇りに感じているのです。いまは東京で暮らしていますが、独学でアイヌ語も学んでいます」

その彼は、金子元市議のツイートに激しく怒って、こう言いました。

「アイヌ民族はいない、ってどういうことですか。じゃ、私は何なんですか。それに『利権を行使』だなんてとんでもない。私は自分がアイヌだと言って差別的な目で見られたことはありますが、それで得をしたことなんて一度もないですよ。私の知る北海道のアイヌにはアイヌ語やアイヌの工芸を守る活動をしている人はいますが、そこでもらっている補助金などは正当なお金です。個人で使っているわけではありません」「金子元市議はデマを語っている」という声がネットの中で高まり、新聞などにも市議会議員の問題発言として取り上げられました。それにもかかわらず、金子元市議は「発言は撤回しません」と言い、ツイッターに「本当のことを言うと議員を辞めなければならないのでしょうか？」と投稿しました。その後、菅義偉《すがよしひで》官房長官は記者会見でこのことを記者から質問され、「政府としてアイヌ政策の推進に積極的に取り組んでいる。政府の姿勢を理解されていないのは極めて残念だ」「（生活向上施策の各事業は）一定の考え方や基準が設けられており、アイヌであれば誰でも便益を受けられるものではない」として、金子元市議の発言を否定する意見を述べました。

私は新聞の報道や官房長官の発言を知って、「アイヌの人たちは驚いたかもしれないが、ひとりの市議会議員が突然、おかしなことを言ってしまっただけなのだろう」と思いました。

しかし、この問題はそこでは終わらなかったのです。

ネットでは、金子元市議に対して「応援しています！」「金目当てでアイヌを名乗っているだけの人たちを追及してください」と言った応援のメッセージが多数、書き込まれました。ほかにも地方議員や作家などの中に、「金子さんの言うことは正しい」と言い出す人が出てきました。

私はもう黙っていられなくなり、「アイヌ民族の人が自分で〝私はアイヌです〟と言っているのに、『もういない』『金目当て』などと言うのはあまりに失礼だ」と自分の意見を口にし始めました。

すると、「アイヌはいない」と言う人たちの中に、こんな意見を書き込む人が現れたのです。

「アイヌが民族かどうかだなんて、見た目だけではよくわからない。そこまで『自分はアイヌ』と主張したいのなら、その人たちのDNA調査を行って証明してもらえばいいと思う」

DNAなどの遺伝情報は、その人のプライバシー中のプライバシーです。それを安易に「調べて明らかにしろ」というのは、あまりにもひどい人権の侵害だ、と私は心の底から怒りを感じました。

証明せよ、はおかしい

もし、あなたがまわりにいる人たちから、「おまえは本当に日本人か？　別の国の民族なんじゃないか？　本当にいまの親の子どもなのか？」と問い詰められて、「もし『そうだ』と言うならDNAを調べてその結果を公開しろ」と言われたらどうでしょう。

実は私も、ネットで同じようなことを何度か言われました。ネットには私のことを好きではない人たちも大勢いるのですが、そういう人からときどき「本当は日本人じゃないんだろう。韓国人か中国人だな」「医者というのはウソだろう」と決めつけられます。そのたびに「日本人ですよ」「医師国家試験に合格した医師です」などと答えるのですが、なかなか信じてもらえず、「本当だというなら戸籍抄本やパスポートを出してみろ」「いや、それもウソかもしれないから、DNA検査で何民族なのかを明らかにすべきだ」「医師免許を見せなさい」などと要求されることもしばしばです。その人たちは「もしあなたの言っていることが本当なら、それらを見せるのも平気なはずだ。見せられないのはウソをついているからだ」と言うのですが、それは違います。知らない人に自分の大切な情報――国籍や職業に関するもの――を見せるのは、なんともいえず気持ちが悪いのです。家の中までのぞかれているような感じ、と言えばよいのでしょうか。だから私は、ネットでアイヌ民族に「DNA鑑定の結果を出せば信じてあげよう」などと言う人たちに、「そんな失礼なことを言うのはやめてください」と注意を繰り返したのですが、その中で気づいたことがありました。

なぜ彼らは、これほど「この人はアイヌではないのではないか」にこだわるのでしょう。

それは、アイヌ民族と和人（民族としては大和民族とも言います）は、「ほとんど同じ」だからです。

もし、これが黒人であれば、肌の色なども日本人とはかなり違うので、「本当に黒人なのか？　違うだろう」などと言いがかりをつけることはないと思います。黒人もアメリカやヨーロッパでは差別されてきた歴史を持ちますが、アイヌ民族のように「アイヌではないはずだ」などと否定されることはないはずです。またそれと似ていて少し違う問題として、「香山リカは日本人ではなく韓国人か中国人」というのもあります。この人たちは、もし私が誰から見ても明らかな黒人だったら、「何人なのか？　ウソをついているだろう」とは言わないと思います。

つまり、アイヌや韓国人や中国人は、日本人（大和民族）ととても似ている。でも、よく見るとほんの少しだけ違う。いや、いくら見ても違わない場合もあります。実際に私の知っているアイヌの中には、「私はアイヌなんですよ」と言われても「え、そうなの？　うーん、よくわからない」という人もいます。よく「アイヌは顔の彫りが深くて濃い」と言われますが、私の知人のそのアイヌはあっさりした顔だちなのです。

私たちは、「自分と似ているのにちょっとだけ違うもの」がいちばん気になり、ときにはいじめをしたり差別をしてしまったりするのではないでしょうか。

『寄生獣』（講談社）という名作マンガがあります。宇宙から来た謎の生物に人間がからだを乗っ取られていくという物語ですが、岩明均《いわあきひとし》さんの描く「宇宙生物に寄生された人」の絵がとても怖いのです。「宇宙生物に寄生された」と言っても、外からはすぐにそうだとはわからない。これまで通りの友だちだったり先生だったりするように見える。でも、「この人はからだを乗っ取られてないんだな」と思ってつき合っていると、何かがほんの少し違う。笑顔が冷たかったり目に表情がなかったりするのです。そして、「もしやこの人もすでに宇宙生物にやられたのでは」と気づくと、突然、頭の一部や腕が不気味な形に変形する。このマンガを読んでいると、誰が人間のままで、誰が宇宙生物に寄生された人なのかがわからなくなってきて、最終的にはすべての人があやしく見えてきます。それがとても怖いのです。

もちろん私はここで、差別されたりいじめられたりする人と宇宙人を比べて何かを言おうとしているのではありません。私が言いたいのは、人は「自分に似ていて少しだけ違う人」が気になり、場合によってはその人を攻撃して追い出そうとしたり、逆に「そんな人はいないんだ」と否定しようとしたりしてしまう、ということなのです。

これは本当におかしなことです。自分に似ているならいっそう仲良くすればいいのに、と思いますが、それができないのです。

たとえば、先ほどのアイヌの例もそうでしょう。「私はアイヌです」と名乗る人を見たときに、私たちは「そうですか。日本もひとつの民族じゃないんですね。私はアイヌのことをよく知らないので教えてくださいね」と言って、そのことばや文化について学ぶのを楽しんだり、アイヌの土地を和人が奪ったという歴史を知ったら、「そんなことがあったのですね。私の先祖もそれにかかわってたのかな。だとしたら申し訳ないことをしてしまいました」とあやまったりすることも必要かもしれません。

それなのにそういうことができず、「アイヌなんて遅れてる」と差別したり、逆に「アイヌなんていないんだ」と否定したりする。でも、完全には無視することもできず、それでも「私はアイヌです」と名乗る人に「DNAを出せ」といやがらせをしたりする。その人たちは、「似ているけれど自分とは違うもの」がいることに耐えられないのです。

世界には多様性が大事

ではここで、「似ているけれど違うものは、全部同じだということにしよう」としてしまえば、問題は解決するのでしょうか。「アイヌもこの際、日本の同じ民族だということにしましょうよ。みんないっしょになってしまえば気にならないでしょう」ということにすれば、差別やいじめ、デマなどはなくなるのでしょうか。

しかし、ここには大きな問題がふたつあります。

ひとつは、「私はアイヌ」と言っている人の心の問題はどうなるのか、ということです。先ほども言ったように、アイヌの人たちの中には「自分は一億二千万人の日本人の中にたった二万人弱しかいないアイヌ民族なんだ」ということを、とても大切に考えている人がいます。「一億二千万人のうちの二万人」は数の上ではとても少ないので、こういう人たちを「社会的少数者（マイノリティ）」と言います。そして、たとえマイノリティであっても、彼らは「私はアイヌ」ということこそが「自分らしさ」だと誇りに思っている。この「自分らしさ」をアイデンティティと言います。「まあ、数の上ではほんの少しなんだから、アイヌもこの際、日本の大和民族の一部ということにしましょう」と決めてしまうと、この人たちのアイデンティティが破壊されることになるのです。

そしてもうひとつ、アイヌ民族を否定することは、日本全体、世界全体にとっても大きなマイナスとなります。それは、アイヌ民族の否定は先ほどから繰り返すように、アイヌ語の否定、アイヌ料理やアイヌの刺繡《ししゅう》などの工芸、アイヌ音楽といったアイヌ文化の否定でもあります。それらが完全になくなってしまうのは、世界が単純なものにまた一歩近づくということにほかなりません。

「世界は単純、シンプルなほうがいいんじゃないの」と言う人もいるかもしれませんが、それは違います。

いろいろな人がこれまで知恵を出しあって、世界や地球がこの先もずっと続くにはどうすればよいかという問題を考えてきました。「持続可能な社会」といわれる問題です。そして、世界や地球がこの先も続くためには、「全部同じ」という単純さより「いろいろなものがある」という「多様性」が必要、ということがわかってきたのです。「単純さ」はわかりやすいけれど、何かあったときにはとても弱いのです。たとえば、世界の人がみんなお米を主食にすると決めたら、どこの国に旅行に行ってもお米のごはんを食べられるので、私たち日本人にとってはとても便利な気がします。しかし、もしも「稲が枯れる植物の病」が世界中で流行したらどうなるでしょう。あっという間に私たちは食糧危機に陥って、人類は滅びるかもしれません。それを防ぐためにも、パンを食べる人、イモを食べる人などがいろいて、主食ひとつにしても「多様性」があったほうが、いざというときには強いのです。

文化もそれと同じで、ひとつの国にいろいろな文化やことばがあるのは、「お互いに理解が難しい」といった面倒くさい問題はあるかもしれませんが、その国の厚みを増し、何かあったときにも「これがダメなら次はこれ」という感じで選択肢を増やし、さらにはそこに住む人の心を豊かにします。実際に私も、前に述べたように北海道にいるときにアイヌ文化について多くを学ぶことはなかったのですが、それでも子ども時代、「この地は私と同じ和人だけではなく、アイヌの人たちもいるのだ。いまでもアイヌ語などの文化が大切にされているのだ」と思うだけで、心が少し広くなったような気がしました。

第三章　「いじめ」や「差別」をめぐる間違い

「いじめ」や「差別」は気づきにくい

いじめや差別の解決がむずかしい理由のひとつに、それをしている人も受けている人も、見ている人も、「これは『いじめ（差別）』だと気づきにくい」、ということがあります。

この「気づきにくい」には、少なくとも三つの種類があります。

ひとつは、いじめや差別は目に見えず、「これが『いじめ（差別）』だ」というはっきりした決まりがあるわけではないので、本当に「わかりにくくて気づかなかった」というものです。

たとえば、「昼ごはんを食べる」ということなら、それをしたのかしていないのか、本人もまわりの人もすぐに気づけます。夕方に誰かに「今日は昼ごはん食べた？」ときかれて答えに迷うことは少ないでしょう。「うん。今日は忙しかったから、ちょっと遅めの一時ごろにおにぎりとゆで卵を急いで食べた」と答えたり、「食べてない。いまダイエットしてるから、昼ごはんは抜いちゃった。でもなんだか元気も出ないから、明日からはちゃんと食べるつもり」などとしっかり答えられるはずです。

ところが、いじめ（差別）となると、きかれてもすぐには答えられない場合もあると思います。「あなたはずいぶん職場にいる外国人に冷たくてきびしいですね。もしかして外国の人を差別しているのですか？」ときかれて、すぐに「そうですよ」とか「絶対に違います」と答えられる人は少ないかもしれません。「え？　私は外国人の従業員に冷たいように見えますか？　そんなつもりはありませんよ。部下としてしっかりやってもらいたいからきびしくしているんです。でもまわりからは『差別』に見えるのかなあ」と困った顔をしたり、「実はウチの職場の外国人たちとはあまり気が合わないな、とは思ってたんですよ。でも、それが『差別』ですか？　単に人としてうまくいかない、ってだけじゃないんですか？」と反論したりする人もいるでしょう。

いじめ（差別）を受ける側も同じです。まわりが「あの人、いじめを受けているな」

と思っても、本人はまったく気づいていないということもあります。また逆に、本人だけが「これっていじめ?」と気づき、いじめをしている側はそれに気づいていないこともあるのです。

気づかないふりをすることがある

そして、ふたつめの「いじめ(差別)が気づかれにくい理由」には、人間のこころの不思議な性質が関係しています。それは、「本当は気づいているのに、気づかないふりをする」というものです。これはいじめ(差別)をする側にも、受ける側にも起こります。なぜ、そんなふりをするのかについては、また後で話すことにしましょう。

さらに三つめとして、いじめや差別に関しては、関係している人がそれに気づいているのに隠そうとすることがあります。ここで「関係している人」と書いたのは、実は隠そうとするのはいじめ(差別)をする側がばれないようにそうするだけではなくて、それを受ける側がそうすることもあるからです。「あ、私はいじめられているな」と気づいているのに、「いや、いじめられてないように見せなきゃ」とあえて平気なふりや明るいふりをするのです。「親や先生などまわりの人を悲しませたくないから」という人もいれば、「自分がいじめを受けているだなんてどうしても認めたくないから」という人もいます。

さらに、この三つの種類の「気づかれにくさ」、つまり差別やいじめに「本当に気づいていない」と「気づいていないふりをする」「気づかれないように演技をする」は、いっしょに起きることもあるので、「この人は本当に気づいてないのか、そのふりをしているのか」と考えてもはっきりしない場合がほとんどです。

いずれにしても、ここで言いたいのは、この三つの理由が複雑に絡みあうため、差別やいじめは、それをしている方も受けている方も、まわりで見ている人たちにも、なかなか気づかれないでどんどんひどくなっていく場合があるということです。

たいへん残念なことですが、いまでもときどき、いじめを受けていた中学生や高校生が自ら命を絶つ、という痛ましい事件が起きることがあります。

そういうことがあるとよく、テレビのワイドショーでコメンテーターが「親がもっと早く動くべきだった。どうしてわが子がいじめを受けているのに気づかず、取り返しがつかないことになるまで放っておいたんだ。親の無関心が招いた悲劇だ」などと怒ります。それを目にすると私はいつも、「半分はたしかにその通りだろう。でも、無関心だったわけではなくて、本当に気づいてなかったのかもしれない」と思います。

かなり前ですが、私の診察室に「高校でいじめを受けていた」という若者がやって来たことがありました。私のところに来た時点では高校を卒業して大学に行っていたので、いじめの問題じたいは解決していたのですが、やはりいじめを受けていたときの後遺症がいろいろ残っていたのです。その人は一時は「もう死にたい」と思って自殺未遂までした、と話してくれました。そのときは私も、「そこまでの状態になっているなら、親も気づいていたはずだ。どうして親がもっとかかわらなかったのか」と思いました。「無関心な親」と思ってしまったのです。

ところが、あるときその若者といっしょに来た母親に会って、私の考えは間違っていたことを知りました。母親はとてもやさしく子ども思いの人で、「私も夫も、大切な子どもがいじめられていたのにまったく気づかなかった。申し訳ないことをした。あのとき子どもが死んでしまわなくて本当によかった」と涙を流しながら話しました。

私はそのあと、その若者に「どうしてあなたは死にたいくらいつらかったのに、親はいじめに気づかなかったのかな」とききました。そうしたらその若者はこう言ったのです。

「僕は親が大好きです。本当にいい人たちです。あんな親に〝学校でいじめを受けている〟なんて言ったら、悲しむじゃないですか。だから、親の前では精いっぱい元気なふりをしてきました。それでよかったと思います」

子どもや若者の演技力は一般にとてもすぐれているので、いったん「こうしよう」と決めたら、あとはいくらでも元気なふりはできたことでしょう。だから、それほど子どもを大切にしている親がわが子がひどいいじめを受けていることにまったく気づけなくても仕方なかったのです。もちろん、中には子どもに無関心なためにいじめに気づかない親もいるでしょうが、決してそれだけではない、ということです。

このように気づかれにくいいじめ（差別）ですが、ではいったいどうするべきなのでしょう。やっている側はもちろん、やられている側、まわりの人がなるべく早く気づくようにして、気づいたらそれを隠したりせずに、はっきりと相手や周囲に伝えたり知らせたりするべきなのでしょうか。

「差別は再生産される」は間違い

実は、中には「いじめ（差別）は気づかなくてもよいのではないか」と言う人たちもいます。

結論から言えばその考えは間違っているのですが、少しここで「いじめや差別は気づかないままにしたほうがよい」という人の意見を、私が経験したアイヌ差別の問題を例に紹介してみましょう。

私がアイヌへの差別を問題だと考え、それをなくすために発言したり行動したりしてきたことは前の章で話しました。ところがそういう意見を原稿などに書くと、必ず「差別だと騒ぎたてることが、さらに差別を生み出すのだからやめたほうがよい」と批判してくる人がいました。その人たちは、私がやっていることは「差別の再生産をうながす」と言うのです。その人たちの発言はこのようなものです。

「そうやってアイヌが差別されてる、と言えば言うほど、それまでアイヌへの差別に気づかなかった人まで『へえ、アイヌって差別されてるのか』と意識して、自分もそういう気持ちを持つようになる」

「差別をするのは一部の差別主義者たちなのだから、その人たちがあきて静かになるまで黙って待っていればいい。それを騒ぐから、差別する人たちも逆に注目されて元気になってしまい、よりいっそう差別することになる。おそらく差別されているアイヌたちも、もうそっとしておいてほしい、と思っているはずだ」

中には、「そうやって差別だ差別だと騒ぐあなたは、差別を作り出してそこで本を書くとか講演をするとか、何か商売をしようとしているだけなのではないか。アイヌのためにではなくて自分のビジネスのためにそうしているだけだろう」とまで言ってくる人さえいました。

実はこれは、差別の問題を研究している人たちの中では、「寝た子を起こすな論」と言われて古くから知られているものです。

はじめてこれが言われたのは明治三〇年代とも言われていますから、いまから百年以上も前です。そして、この「寝た子を起こすな」というやり方では決して差別はなくならないことは、さまざまな研究で明らかにされているのです。ここでは国家公務員向けの研修でジャーナリストの稲《いな》積《づみ》謙《けん》次《じ》郎《ろう》さんが話した言葉を紹介したいと思います。この中で出てくる「同和問題」とは、被差別部落と呼ばれる地域で暮らす人たちへの差別のことを指します。

「寝た子を起こすな論ということを申しましたが、実は、本当に正しく寝ている人は、起こす必要はありません。そのまま、安らかにお眠りください。子育てを例にとりますと、わかりやすい。寝相の悪い赤ちゃんをそのまま寝せていたら、首を寝違えたり、おねしょしたり、頭のかっこうが悪くなったりします。ですから、寝相の悪い子は、一度起こしてでも、正しく寝かせつけることがお母さん方の子育ての基本であると言われます。（中略）本当は、寝ているように見えるのは建前だけで、本音はどっこい起きています。同和問題ほど建前と本音のかい離している問題はありません。建前ではきれいごとを言えても、こと自分の問題に関わると、寝たふりをしている本音が、たちまち頭をもたげます。この寝たふりをしている本音をどう正すかということが、人権教育啓発の目的であろうと思います。

同和対策審議会答申でも、寝た子を起こすな論と宿命論の誤りを明確に指摘しています。」(http://www.moj.go.jp/content/001156780.pdf)

つまり、いじめや差別があった場合、それを放置しておくことで、万が一その差別がいま以上の広がりを見せることなく、「いじめや差別が起きている」と気づく人も誰もおらず、社会の静かさが保たれているように見えたとしても、「寝相が悪いまま寝ている人」や「寝たふりをしている人」がいる限り、本質的には何の解決にもつながらない、ということです。それどころか、その「眠れる子」がいっせいに目覚めた場合、とんでもない問題が起きる可能性もあるのです。

そのためにも、いじめや差別にはそのつどきちんと気づき、なるべく早く多くの人によってできる限りの対策を取ることが、何としても必要なのです。

新聞の「部落差別問題」を扱った記事には、「もう差別は克服された」と思っている人もいるが、実はその実態が見えにくくなっただけで、いまもさまざまな日常の場面で差別は残っている、と書かれていました。（「隠れた部落差別、今も　ふるさとの料理出したら離れた客」、『朝日新聞デジタル』二〇一五年一二月二四日 http://digital.asahi.com/articles/ASHDJ6WFHHDJOIPE039.html）。その中に、こんな例があげられていました。

「名古屋市で居酒屋を経営する山本義治さん（38）は今年六月、生まれ育った地域で親しんできた料理をメニューとして紹介した。とたんに離れた客がいた。ふるさとは被差別部落とされていた地域だ。

『またか。まだ差別は残っているんだな』と感じた。『出身地を恥じることはない』という信念に基づく行動だったから、メニューはそのままで『スタイルは変えない』と言う。『生身の人間を見て、つきあってほしい』」

ここにもやはり「寝たふりをした子」が大勢いるのです。

その記事は、愛知県が五年ごとに実施している人権意識調査の結果を引きながら、こうしめくくっています。

「『部落差別はそっとしておけばなくなる』という考え方に対し、調査報告書は『正しい知識を伝えなければ誤った考えが広がり、差別の助長につながる』と訴える」

見ないふりでは「いじめ」はなくならない

差別の問題を長く取材し、『ネットと愛国』（講談社）、『ヘイトスピーチ』（文春新書）などの本にまとめているジャーナリストの安田浩一さんは、インタビューでこう語っています。

「僕は、在特会については二〇〇九年～二〇一〇年ぐらいから取材をしていたのですが、二〇一三年からメディアは排外主義的デモを報じるようになりました。ただし、それ以前からも何度も排外主義的なデモは行われてきた。人々が知らなかったのは、メディアが単に報じなかったからです。僕も多くのメディア関係者から『こんなもの放置しておいた方がいい』と言われ、右寄りメディアから左寄りまで『放置すればいい』と言われたものです。

僕も『確かにそうかな……』と思い、取材をやめた時期もありました。しかし、放置することで何も変わらなかった。放置することで差別的なデモの動員数が増え、より差別的に排外的になり、僕としては放置できなくなりました。街頭デモは二〇一三年までやられっぱなし」（「安田浩一氏が語る　ヘイトスピーチと対抗した『カウンター』」、「Abema TIMES」二〇一六年一二月二日号 https://abematimes.com/posts/1727138）

ここに出てくる「在特会」（「在日特権を許さない市民の会」）というのは、主に日本に住む在日韓国人、朝鮮人に対してひどい差別の言葉を叫んだりそれを書いたプラカードを持ったりしながら、デモ行進を行う団体です。「在特会」は、在日韓国人、朝鮮人らに対して「日本から出て行け」という主張をしています。こうやって特定の属性を持った人を自分たちの社会から追い出そうとする思想を、「排外主義」と言います。そして、排外主義に基づいて、社会的に弱い立場や数の少ない人たちに「出て行け」「いなくなれ」といった差別の言葉を投げかけ、ほかの人たちにも「みんなもいっしょに言おう」と呼びかけることを「差別の煽動《せんどう》」と言います。この差別煽動をするデモが、ヘイトスピーチデモです。

メディアが「右寄り」「左寄り」というのはその新聞や雑誌の基本姿勢のことですが、とにかくどんな考え方のメディアも、当初は「差別デモなんて相手にしないほうがいいんだよ」「見ないふりをしておけばそのうち消えるよ」と言っていた、ということです。ところが、そうしていたら「在特会」は逆に「自分たちは世の中からも認められている」と考えてますますデモはひどくなっていった。

安田さんは、その様子を見てあるとき「これはきちんと報じなければならない」と決意します。そして、デモを行っている人たちに話を聞いたりデモがあるたびに現場に行ってその様子を文章で報告したり、という活動を始めます。「ヘイトスピーチデモなんて知らなかった。でも安田さんの文章でそんなひどいことが行われているのを知って、これは絶対に止めなければならないと思った」という人も多かったはずです。

そしてこれは、長年続いている部落差別問題や極端な排外主義などに限ったことではない、と思うのです。

学校の教室で起きているいじめ、会社で起きているハラスメントと呼ばれる特定の人へのいやがらせ、これらも加害者、被害者、さらにはまわりの人まで「なかったこと、見なかったこと」にしようとする。誰もが「そのうち終わるだろう」と思っています。

しかし、それでは差別やいじめは終わらないのです。それどころか、多くの場合、ますますひどくなる。たしかに、いじめのターゲットが別の人になれば、それまで被害者だった人へのいじめは終わるかもしれません。それでも、いじめそのものがなくなるわけではないのです。

「差別」という自覚のない人たち

被害者にとって、「私はいじめや差別を受けている」と気づくのはたいへんにつらいことです。「きっとカン違いだろう」「私がいじめられるわけはない」と自分に言い聞かせようとすることもあるのは当然です。

実は、加害者も「私は差別している」「いじめをしている」という自覚を持っていないことがよくあります。この人たちもまた、「私は差別主義、排外主義の人間なんだ」とは思いたくないのです。先ほどの安田さんの本にもヘイトスピーチデモをしている人の話が出てくるのですが、みんながみんな「日本のためにやっているだけ」「韓国が先に日本を差別している、私はそれに対抗している」などと語り、「自分は差別主義者ではない」と自分の正しさを主張しています。「そうですよ、私は差別主義なんです。だからヘイトスピーチをしているのですが、それが悪いことですか?」などと開き直っている人は誰もいません。ひどいいやがらせの言葉を叫びながらデモをしている人でさえ、「私は差別をしている」と思いたくはないのです。

さらに、まわりでそれを見ている人は、いっそう「いま目にしているのはいじめだ」「日本でもひどい差別があるんだ」と思いたくないのかもしれません。

これは安田浩一さんから直接聞いた話です。安田さんはいま、沖縄で米軍基地建設反対の抗議活動をしている住民の人たちの取材もしています。そこで建設工事の警備をしている機動隊員が、抗議の住民を「土人」と呼ぶ事件が二〇一六年一〇月に起きました。沖縄の人たちは当然、怒りましたが、同時に「私たちは日本の中でずっとひどい扱いを受けてきた。もしかすると本土(沖縄以外の日本)の人たちは、前から沖縄の人のことを『土人』のように思ってきたのではないか」といった声も上がりました。

安田さんは、沖縄からの中継でテレビのニュース番組に出演し、そういった沖縄の状況をレポートしました。そうしたら、安田さんがひと通り話し終えたところで、東京のスタジオにいるキャスターやコメンテーターたちからこんな言葉が返ってきました。

「そうですか……でも、私たちは沖縄を差別なんてしてないですよね」

「本土の人たちも沖縄大好きですよ。食べものもおいしいし海もきれいだし」

安田さんはあぜんとして「いや、そういう話とは別に沖縄への差別はあったからこそ、今回『土人』という発言が起きたわけで……」と言いかけたところで、時間切れになって中継は終わったのだそうです。

おそらくこの東京のスタジオにいた人たちも、「実は本土の人たちは心の底で沖縄を差別しているかもしれない」という事実を認めたくないのかもしれません。それを認めると自分もその加害者のひとりとなってしまうので、なんとしても「私もみんなも沖縄が大好き」と言って、差別に気づかないふりをしなければならないのです。

これと似たものとして、「私には黒人の友だちがいる」という有名なフレーズがあります。これは、アメリカで人種差別的なことを言ったりやったりする人に「あなたは差別していますね」と言うと、よく返ってくる言葉です。つまり、「黒人の友だちがいる私は、差別なんてするわけがない」と言いたいのでしょう。

しかし、いくら「黒人音楽が大好きだ」「黒人の友だちもいる」という人でも、心の底に人種差別的な考え方があって、それにもとづいて特定の人種を嫌ったり追い出そうとしたりすることはいくらでもあります。「沖縄大好き」「黒人の友だちがいる」ということはそれらを差別しない、という話とは別なのです。

ここでもうひとつ、大事な話をしましょう。

それは、いじめや差別をする人やそうしていることを認めたくない人がよく口にする、「その人たちにもそうされるだけの理由がある」という理屈は間違っている、ということです。

多くの場合、その「差別やいじめを受ける理由」というのは加害者側が作り出したものです。

ここで話をわかりやすくするため、まず身近ないじめやいやがらせの話をする前に、もう少しヘイトスピーチデモの例、それから日本で起きた公害病である水俣病の例を見てみましょう。

安田さんによる取材の結果からもわかるように、ヘイトスピーチデモをする人の多くが「悪いのは向こうだ、私はそれに対抗しているだけだ」と言います。「被害を受けているのは自分のほうだ」と強い被害者意識を訴える人もいます。彼らは、本気でそう考え、ヘイトスピーチはその〝被害〟から身を守るための当然の行為だと思っているのです。

私もインターネットでヘイトスピーチを繰り返す人にときどき「やめなさい」と言うのですが、そこで必ず返ってくるのは、「そんなこと言う前に、昔から日本人へのヘイトスピーチを繰り返す韓国人を先に注意しろ」という言葉です。あるいは、「こっちに文句を言う前に日本人を拉致した北朝鮮を批判しろ」「韓国では安倍首相の人形を焼いてるんですよ?」というのも典型的な答えです。つまり、「向こうが先」「向こうの方がひどい」から、こちらもやり返して当然という理屈なのです。

たしかに韓国で日本政府や日本の総理を批判するデモが起きることもあるようですが、「在韓日本人は死ね」「日本人はみな出て行け」などと、その差別のターゲットが「日本人なら誰でも」に及ぶことはありません。また、「向こうが先だからこっちもやり返す」という憎しみの連鎖は感情のエスカレートを呼ぶだけで何の解決にもつながらないことは、これまでの歴史で人間が繰り返してきた無数の武力衝突やテロなどを見ても明らかです。

それにもかかわらず、差別をする人たちは常に「ひどい目にあっているのは自分たちだ」「自分がやっているのはそれへの防御だ」と主張し続けるのです。

どうして、彼らは自分がそんな〝被害〟を受けている、と考えるのでしょう。

その人たちのことばをよく見ると、その中心にあるのは、「先にやられた」「あっちのほうがひどいことをしている」というものではないことがわかってきます。〝被害〟の本質は、在日韓国人、在日朝鮮人がいろいろな面で〝得〟をしている、ということのようなのです。そして、その結果、自分に本来、与えられるべきものが与えられていない、と考えているのです。

自分が傷ついている。自分が損をしている。自分はもっと恵まれ、よい思いをしてもいいはずなのにそうなっていない。

これが、「私こそ被害者」と言い続ける人たちの本音なのです。

水保病患者への差別

「水俣病《みなまたびょう》」という病気を知っていますか。これは、工場がビニールなどの原料（アセトアルデヒド）を作る過程でできた排水に含まれていた「メチル水銀」という化合物が原因で起きる重い病気です。人は排水に触ったりその蒸気を吸ったりしてではなく、海に流れた排水から「メチル水銀」を取り込んだ魚や貝などを食べることによって水俣病になりました。

この病気は熊本県水俣市で一九五六年頃から発生し、一九六八年に「公害病」と認定されました。この病気になると、脳やからだ中の神経が侵されて、さまざまな全身の症状が起きます。「メチル水銀」の入った魚や貝を食べた女性のおなかの中にいた赤ちゃんが、生まれつきこの病に侵される、「胎児性水俣病」になることもあります。

「メチル水銀」の入った排水はその後、流されなくなり、いま新しい水俣病の発生はありませんが、病気を申請した人は二万七千人、国に認定された患者さんは約三千人、重い症状に苦しんでいる人や「認定されていないけれど体調がずっと悪く、やはり私は胎児性水俣病なのではないか」と悩んでいる人もいまだにたくさんいるのです。

そういった人たちの相談を長く受けてきたのが、水俣市にある一般財団法人水俣病センター「相思社」です。二年ほど前、そこを訪れる機会があったのですが、敷地内の歴史考証館に展示されている何枚かのハガキに「あっ」と驚きの声をあげました。そのタイトルは、「水俣病患者へのいやがらせ」。いまから三〇年以上前に患者さんの家などに届いたハガキだということですが、その文面は差別やいじめそのものだったのです。見るのもイヤな言葉ばかりですが、話を進めるためにいくつかのフレーズをあげてみましょう。

「ありもしない病気がありというニセ病野郎」「朝鮮人だろう」「補償金目当ての仮病」「本当に病気なら座り込みもできないはず（注・当時、排水を流したチッソ水俣工場を訴えたり患者認定を求めて役所の前で座り込みをしたりする抗議の行動が多くあった）」

ここにあらわれているひどい差別の意識には、ふたつの段階があると思います。

まず、水俣病じたいへの誤解、偏見、差別意識があります。水俣病は「メチル水銀」が含まれる海産物を食べることでなる病気なので、患者さんに触ってそこからうつることはありません。そして、母親が食べた魚から「メチル水銀」が胎盤を通して赤ちゃんに入り、胎児性水俣病になることはあっても、水俣病そのものは遺伝性の病気ではありません。

それなのに、どこかの家で患者が出ると「あの家には近づくな」と言われたり、家族に水俣病の人がいるだけで「うつるから」と就職を断られたり結婚を許されなかったり、ということもあったそうです。「相思社」のスタッフがいろいろな実例をあげながら教えてくれました。

私にそれらの話をしてくれたスタッフはまだ三〇代の若手だったのですが、その人自身も差別に苦しんだことがあったそうです。

「私は水俣市で生まれて育ちましたが、二〇代の頃は地元を離れると『鹿児島出身』などとウソを言ってました。『水俣生まれ』と言うだけで『ああ、あの水俣病の』と笑われたり、『いっしょのプールに入らないで』とはっきり言われたことさえあるので。出身というだけでそうなので、患者さんや患者さんの家族はどれほどひどい差別を受けてきたことか」

さらに、先ほどあげたハガキには、単なる差別とは別の感情もあらわれています。

それは、患者として国から認定された人が受け取る補償金に対する「ねたみ」の感情です。おそらくハガキを出している人は、「水俣病は本当にひどい病気だ。気の毒な面もあるが、自分は絶対になりたくないし患者にも近づきたくない」という差別意識と「でも、補償金をもらえるのはうらやましい」という「ねたみ」と、ふたつの意識や感情を持っているのでしょう。そこから「気の毒だとも思うがやっぱりずるい」という気持ちになり、その「気の毒だ」という同情や共感の感情がだんだん消えて行って、ついには「ニセ患者」「仮病」というウソが自分の中で勝手に作られたのでしょう。つまり、自分をごまかすためのデマの「ねつ造」が行われ、そうなると自分を「水俣病患者をいじめる加害者」ではなく、「補償金目当てのニセの仮病患者に金を取られる被害者」だと思うことができるのです。国の補償金には税金も含まれていますから、「あれは本来は私のお金だ。それが補償金としてニセモノの患者にわたるのは許せない」と思い、ますます怒りが大きくなります。そしてついに、病で苦しんでいる人のところにわざわざあんなひどいハガキを送るほどになるのでしょう。

相手は被害者から加害者になり、自分は加害者から被害者になる。その立場の逆転が起きると、差別やいじめはさらにひどいものになるのです。

先ほど、最近は在日韓国人、朝鮮人やそのほかの外国人に対してひどい差別をしたり「出て行け」などと言ったりし、それがエスカレートしてヘイトスピーチデモにまでなっていく話をしました。

では、それをやっている人はどんな人たちなのでしょう。

「誰がひどいヘイトスピーチをしているか」についていくつかの調査があるのですが、「その人たちは決して貧困や無職ではない」という結果も出ています。いちばん多いのは、「大きな都市の郊外に住む三〇代から四〇代の会社員」だそうです。就職も簡単ではないいまの時代では、ある程度、恵まれた人たちです。

では、なぜその人たちは自分は恵まれているにもかかわらず、外国人をバカにしたり、追い出そうとしたりするのか。そこにはふたつの理由が考えられます。ひとつは、世界中がいま「勝つか負けるか」の激しい競争社会になっているので、会社員など恵まれた立場の人たちほど「私はがんばった」「ものすごく努力をした」と思い、他人に対して見る目が厳しくなっているのです。そんな人たちは、在日外国人であるために「差別を受けている」という人たちに対しても、「甘えるな。そんなこと言わずに競争すべきだ」という思いを持つのかもしれません。その人たちは誰にもやさしくできなくなっているのです。

自己愛が傷つくと、怒りを生む

そして、もうひとつの理由は、精神医学的なものです。私が専門としている精神医学では、いま多くの人が「自己愛の傷つき」という問題を抱えていると考えられています。「自己愛」というのはオーストリアの精神分析学者のジークムント・フロイトが一〇〇年以上前に発見したものですが、「自分で自分のことを大切に思う」という人間が生きていく上で基本の心の動きのひとつです。

しかし、最近は「自分で自分が大切」と思うばかりではなく、まわりの人やさらに多くの人に「もっと私のことを大切に思ってほしい」と要求する「自己愛の強い人」が増えています。もちろん、「もっともっと私に注目してほしい、世界中の人にほめてもらいたい」と願っても、それがかなうわけはありません。そのときにするべきことは、「そうか、世界中の人に愛されたい、なんて無理な話だ。私の考えは間違っていた」と自分の「強すぎる自己愛」を修正することなのですが、それもできない人が増えています。そうやって勝手に「どうして私はもっと多くの人から大切にされないの？　おかしいだろう」といつも自己愛が傷ついた状態になっていることを、フロイトは「自己愛の傷つき」と呼びました。

その「自己愛の傷つき」の状態にある人たちは、「私はいつもバカにされている」「私には才能があるのに、まわりが理解してくれないからすべてが台なしになった」「自分の価値が極端に低くされている」と思っています。

では、その人たちは「ダメだ、誰もわかってくれない」と思い、落ち込むのでしょうか。それが違うのです。その後、オーストリアのハインツ・コフートという精神分析学者は、「自己愛の傷つき」が起きたとき、人は「コントロール不能で予想外の怒り」を示すものだ、と述べました。コフートは言っています。

「怒りはいろいろな形で起きるが、大切なのは常に『復讐《ふくしゅう》』という性質がともなうということだ」。さらに、その「怒り」は、それを向けられる相手にとっては「まったく理屈にかなっていない不当なもの」である場合がほとんどだ、とも言っています。つまり、自分は何も悪いことをしていないのに、突然、「自己愛の傷つき」を抱えている人から「怒り」のターゲットに選ばれ、「おかしいだろう！　自分だけズルいことをして！　復讐してやる！」と攻撃されるわけです。

とくにいまの社会は、誰もが「強い自己愛」を持って生きてよい、そう生きるべき、というメッセージがあふれています。ただ「自分を大切に」というのではなく、「どんな夢でもきっとかなう」「あなたはかけがえのないすばらしい存在」「前向きに考えれば望みは絶対にかなう」「あなたが生まれたという奇跡」。

もちろん、そのひとつひとつは間違ってはいないのですが、そう言われ続けていると、中には「私は本当はすごい人間なんじゃないか？　選ばれた人かもしれない」と思い込む人も出てくるのではないでしょうか。そして、そう思っているのになかなか夢もかなわず、世界中から「すばらしい」とほめられたりしないと、「世界一の特別な何かにならなければ生きている意味がないのだ」「夢もかなえていないのだから生まれた意味がない」と思い込み、さらに「私はもっともっと注目されて当然の人間なのに」「学校や会社での私への評価は低すぎるのではないか」といった不満を抱いたり、「人生こんなはずじゃなかった」「なぜ私ではなくあんなつまらない人間がすばらしい賞を受賞するのか」「私は社長になってあたりまえの選ばれた人間なのに」と疑問やイライラ、さらには怒りを抱くようになります。

つまり、現代の社会で生きている人の多くが、フロイトの言う「自己愛の傷つき」の状態にあり、コフートの言うような激しい「怒り」を抱き、それを誰かにぶつけてやろうと相手を探しながら生きている、ということです。

それが、ここまで話してきた「加害者さがし」の大きな原因です。「どうして特別な選ばれた人間であるはずの私がこんなひどい扱いをされなくてはならないのか?」と思い、それから「そうか、誰かがズルい方法で得をしたり、私が手にするべきお金や注目をひとりじめしているのだ」と社会の中に加害者をさがそうとする。そして、学校ではひとりの人をいじめの対象とし、社会では、水俣病のような病気を持った人、病のためなどで仕事ができず生活保護を受けている人、在日韓国人、朝鮮人や日本に住む外国人などを選んで「この人たちこそ加害者だ」とひどい差別やいやがらせをするのでしょう。

差別やいじめをする人に「そんなひどいことはやめなさい」と注意すると、必ずと言ってよいほど、「ひどい目にあっているのは私のほうだ」「ひどいのは向こう側なんだ、ズルいことをして得をしているのだ」という答えが返ってきますが、実はその相手はひどいことなど何もしていないし、不当に得などもしておらず、すべては差別やいじめの加害者が自分の中で作り上げたストーリーである、ということがこれでわかってもらえたのではないでしょうか。

第四章　なぜ「いじめ」や「差別」をしてはいけないのか

いじめや差別の被害をなくす主役は当事者ではない

さて、ここまで「なぜ人はいじめや差別をしてしまうのか」「なぜとくに最近、日本や世界でいじめや差別が激しくなっているのか」という話をしてきました。そして、いったん起きてしまったいじめや差別は、決して「起きていないふり」「見なかったふり」をしても自然に消えてなくなることはない、という話もしました。

ここからは、どうやっていじめや差別の被害をなくせばよいのか、について考えていきましょう。

ただ、その前にあとふたつ考えなければならない問題があります。ひとつは、「いじめや差別の被害をなくすのは誰なのか」ということ、そしてもうひとつは「なぜいじめや差別はなくさなければならないのか」ということです。

いじめや差別をしてしまう心理について話すと、ときどきこういうことを言う人がいます。

「そこまでして人間はいじめや差別をしてしまうなら、誰かが止めたりなくしたりするのは不可能だ」「被害者には気の毒だけど、どうしてもつらかったら自分で学校の先生なり警察なりに助けを求めてもらうしかない。まわりでできることは何もない」

これは間違っていると思います。

いじめや差別は、基本的に被害を受けている人ではなくて、そのまわりにいる誰かが助け、解決に向けて行動を起こすべきものなのです。

「えっ、被害を受けている本人（「当事者」と言います）が自分で動くべきなんじゃないの？」と思う人もいるかもしれませんが、私の経験から考えるとそれはまず無理です。なぜなら、当事者はいじめや差別でショックを受け、恐怖を感じ、自分では何もできなくなっているからです。

ここまで何度か話してきたヘイトスピーチデモの被害の当事者は、「出て行け」「犯罪者」などと言われる在日韓国人、朝鮮人などの外国人です。そういったデモは外国人が多く住む町や外国からの観光客が大勢訪れる繁華街で行われるため、被害の当事者もときどきこのデモを目にしてしまいます。

そのとき、その人たちはどうなると思いますか。「怒りがこみ上げて抗議したくなった」「悔しくてにらみつけた」などでしょうか。それは違います。多くの人たちはこう言います。「頭が真っ白になって何も考えられなくなった」「呼吸が苦しくなって心臓がドキドキしてきてその場に座り込んだ」「頰をバシッと殴られたようになり、気がついたら涙がボロボロ出ていた」。つまり、当事者はその場では「自分は差別されている」とわかっても、それに抗議したり誰かに冷静に助けを求めたりなどとてもできません。

これは、学校でのいじめやその他の差別でも同じはずです。当事者はショック、恐怖などで身動きが取れなくなるのです。

もちろん、それでもがんばって自分でなんとかしよう、とする人もいます。また、そうやって自分がいじめなどの当事者になっていると気づきやすくすることばや、その人たちを助ける仕組みが作られることもあります。

たとえば、会社で上司などから理由もないのに怒鳴られたり、自分だけ多くの仕事を押しつけられたりするいやがらせは、最近「パワーハラスメント」とかそれを略した「パワハラ」ということばで呼ばれるようになりました。

それまで「どうして自分にだけ上司は厳しいのだろう。どうしてほかの人は残業がないのに、自分だけ夜遅くまで仕事をさせられるのだろう」と思いながらも自分ではどうすることもできなかった人も、この「パワハラ」ということばができて広まったおかげで、「あれ？ これがパワハラじゃないかな？」と気づけるようになりました。また、まわりの人が「同僚が受けている厳しい指導、明らかに行きすぎだよね。これってパワハラじゃないのかな」と気づくこともあります。そして、厚生労働省も職場のパワーハラスメントの予防・解決に向けた取り組みを進めていて、「職場にパワハラ相談窓口を作りましょう」などと呼びかけています。そうなると、当事者が問題に自分で気づき、相談に行くのもこれまで以上にやりやすくなります。

とはいえ、診察室にはいまでもこのパワハラ問題から心とからだの調子を崩す人がやって来るのですが、その多くは「自分が受けているのはパワハラだ」とは気づいていません。ただ「吐き気が止まらない。内科に行って検査を受けてもどこも悪いところはないと言われ、心療内科に行くよう勧められました」と言って受診した人の話をよく聞くと、上司から「またミスをしたらすぐクビだからな」「死ぬ思いでやれ。できなかったら死ね」などとひどいことを言われ、週末も休みなく仕事をしなければならない、ということがときどきあります。「うーん、あなたはパワハラの被害者ですね」と言っても、「え、私がですか？　それは考えたこともありませんでした」という答えが返ってくることはめずらしくありません。当事者には気づく余裕がないものなのです。

だからこそ、いじめや差別の問題では、当事者よりもそのまわりの人たちが気づき、解決に向けて動く必要があります。

エスカレートすると暴力や犯罪につながる

二〇一六年七月二十六日、神奈川県の障害者支援施設「津久井やまゆり園」に深夜、そこの職員をしていたことのある男性が忍び込み、入所者を次々に刺して一九人を殺害、多数にケガを負わせるという事件が起きました。

加害者として逮捕された男性は、この事件を起こす五ヶ月ほど前、衆議院議長あてに手紙を書き、それを直接届けようとして警備にあたっていた警官に止められています。その手紙には「私は障害者総勢470名を抹殺することができます」「私の目標は重複障害者の方が（中略）保護者の同意を得て安楽死できる世界です」という恐ろしい計画が書かれていました。男性はまさにそれを実行したのです。その根っこにあるのは、「障碍者《しょうがいしゃ》には生きる意味がない」という差別の意識です。

差別主義の思想に基づいて起きた犯罪を「ヘイトクライム」と呼びます。「差別の思想がこんな恐ろしい犯罪につながるなんて、ごくごく特殊なケースだろう」と思う人もいるかもしれませんが、それは大きな間違いです。

アメリカの学校で「差別はいけない」ということを説明するときによく使われる図に、「ヘイト暴力のピラミッド」があります。ピラミッドのいちばん下は「先入観による行為」、それから上に「偏見による行為」「差別行為」「暴力行為」と積み上がり、最終的にピラミッドのてっぺんにあるのは「ジェノサイド（虐殺）」です。このピラミッドの図を考えた研究者は、最初はちょっとした思い込みや先入観に基づくなにげない発言であっても、どんどんエスカレートしていつのまにかどんどん憎しみがつのり、ついには実際の暴力、そして集団の虐殺にまで結びつく場合もある、と言おうとしているのです。つまり、心の中の偏見や差別や憎悪と実際に行われる暴力や犯罪とは別べつのものではなくてつながっている、ということです。

またこのピラミッドは、最初はそのひと個人のレベルで始まった偏見や差別が、次第にその人のまわりなどの集団で共有されるようになる、ついには広く社会的な雰囲気を作るまでに広がる場合がある、ということも教えてくれます。

そう考えれば、いまはちょっとした差別やいじめであっても、いつか大きな事件などに結びつく可能性もあり、決してそれを見すごしてはならないということです。

自分もいつ弱い立場になるかわからないから

弁護士の伊藤真《いとうまこと》さんという人がいます。この人は弁護士を目指す人たちのために「伊藤塾」という塾をやっているのですが、「いまの憲法を大切にしよう」という活動もいろいろやっています。

「新しい憲法に変えよう」といういわゆる改憲論の人たちに、伊藤氏はこんなことを言います。

「改憲論議のなかで、よく、『被害者の人権が一言も書いていないのに、被告人、犯罪者の権利、人権ばかりが書いてある。このような憲法はおかしいではないか』などと言われたりします（二〇〇六年四月一八日、衆議院第二議員会館での「死刑廃止を推進する議員連盟総会」記念講演より）」

たしかにいまの憲法に「被害者の人権を保障しましょう」などと書かれた箇所はなく、逆に第三一条から三九条まで、事件を起こしたと考えられる被疑者やそれで裁判にまでなった被告人の権利を保障する条文ばかりが並んでいるのです。伊藤さんは、これは「あえてそうしてある」と言います。

では、なぜ被疑者や被告人ばかりが手厚く守られなければならないのでしょう。本当に守られるべきなのは被害者のほうなのではないでしょうか。伊藤さんは、その理由は、憲法の目的が「強者に歯止めをかけ、弱い立場の者を守る」ことであり、「強弱の関係がもっとも現れるのが、国家と被疑者、被告人、または死刑囚のような罪を犯した人たち」との関係だからだ、と言います。つまり、憲法とは弱い立場にいる人たちを守るためのものであり、この国でいちばん弱い立場にあるのが事件などを起こしたとされる被疑者、訴えられて裁判を受ける被告人などだと言うのです。

そして、これが伊藤さんがいちばん主張したいことなのですが、「いちばんひどい扱いを受ける恐れのある人たちの人権を守れる国は、他の多くの国民の権利も当然きちんと守れる国である」とも言っています。つまり、「最低の扱いを受ける可能性のある死刑囚さえ人権が守られるのだから、ましてや一般の人たちの人権が守られないわけはない」ということになるのです。

あるいは、万が一、一般の人たちの人権が損なわれることがあった場合には、「犯罪者でさえ最低限の生活ができているのに、なぜ私たちがこんな扱いを受けなければならないのか」と堂々と声を上げることができる。現在の憲法はその根拠としても機能しているはず、と伊藤さんは考えているのです。

この被疑者や被告人、死刑囚の例は極端すぎるように思うかもしれませんが、たしかに「いちばん弱い立場に陥ってもその人の権利が保障されていること」は、「だとしたら私は当然、守られるはずだ」という私たちの心の安全装置になることはたしかではないでしょうか。

最近は、異常気象によって災害の被害にあう人が増えています。豪雨による水害、竜巻、雪崩《なだれ》などが起きて、多くの人が被災しています。また、日本は地理的に地震が起きやすく、東日本大震災、熊本地震など数年に一度、大きな地震が起きています。明日、私の住む町で災害の被害や震災が起きてもおかしくありません。まさに「明日はわが身」です。

そのことは私たちを大きな不安に陥れます。ただその一方で、災害の被災者に対して安心できる避難所が作られ、食べものが用意され、大勢のボランティアが復興の手伝いのために現地入りしている報道を見ると、私たちは「万が一、私の地域で災害が起きてもこうやって誰かが手を差しのべてくれるだろう」と自分に言い聞かせて安心することができるのです。

医療に関しても同じです。アメリカのように国民健康保険のシステムがなく、「オバマケア」と呼ばれる保険制度もトランプ大統領が変えてしまうかもしれない、そうなると収入の低い人は医者にもかかれないといったニュースを見るたび、私たちは「アメリカの人たちは気の毒だな」と思います。そして同時に、「日本ではいくらなんでもこんなことはない。だから、インフルエンザになればタミフルなどの良い薬をもらえるし、もし胃がんなんかにかかってもちゃんとした手術は受けられるだろう」と思うことで自分を安心させているのです。

このように、災害の被害者、失業者、病気の人や高齢者など、弱い立場の人たちの人権や生活を保障することには、「もし私がそうなったとしても、十分なケアを受けられるから大丈夫」と自分を安心させる〝心の保険〟の役割が含まれているのです。「明日は我が身かもしれない。でも、きっと大丈夫。だって守られている人たちがいるのだから」と思うことで、私たちは自分の不安を打ち消して生きています。これは、いじめや差別でも同じです。誰かのいじめや差別に気づき、それをなくすために力を貸しながら、心のどこかで「いじめや差別はいつ起きるかわからない。私もそのターゲットになるかもしれない。でもそうなったら誰かがきっと助けてくれる」と自分を安心させることもできるのです。

第五章　「いじめ」や「差別」を見たら、受けたらどうするか

「違う人」を特別な目で見てしまう私たち

どうして私たちは「自分と違う人」を気にしてしまうのでしょう？

しかも私たちには、その「違う人」を気にしたときに、「違いがあっておもしろいな」とか「違いからいろいろ学びたいな」と思うのではなくて、「〝違う人〟は自分より劣ってるんだ」と下に見ようとしたり「仲間に〝違う人〟がいるとやりにくい」とその人を追い出そうとしたりする性質が備わっているのです。これがいじめや差別につながります。

では、どうすればいいのでしょう。

「そうか、〝違う人〟を下に見たり追い出そうとしたりするのは人間に共通した性質なのか。じゃ仕方ない」とそれを受け入れればよいのでしょうか。そんなことをしたら、

私たちの生活や社会はめちゃめちゃになります。

もちろん、いじめや差別がいけないのは、それを受けた人たちが傷つくからです。私自身は、それだけでも「いじめや差別は絶対に許されない」と主張する理由になると思っています。しかし、いまの社会には、「そんなことは私には関係ないよ、差別されるほうが悪い」などと言う人もいることは、前の章でも説明してきた通りです。そういう人たちに対して、「それでもいじめや差別はいけない」と話すとき、私は次のふたつの理由をあげることにしています。これまでしてきた話と重なる部分もありますが、大切なことなのでもう一度、まとめておきます。

ひとつめは、自分もどこかに行ったときなどにまわりから「この人は、自分たちと違うぞ」と目をつけられ、いじめや差別を受けるかもしれない、ということです。日本人の場合、この日本に住んでいる限り、まわりは「同じ人」がいることが多いので、自分が「違う人」になったらどうだろう、と想像するのはむずかしいと思います。でも、手や足をケガして、包帯を巻いたり松葉づえをついたりした経験がある人は、なんとなくわかるのではないでしょうか。私が大学で教えていた学生が、こんな話をしてくれたことがありました。

「高校時代、サッカー部の練習で骨折してしまい、しばらくの間、ギプスをつけて松葉づえをつきながら学校に通ったことがあったんです。バス停まで歩いてバスに乗るんだけど、歩いているときもバスの中でも、まわりの人の視線がとても気になりました。〝かわいそうに〟という目で見ている人もいたし、〝混んでるのに松葉づえでゆっくり乗ってきて邪魔だな〟とイヤな顔をする人もいた。いや、全部自分の考えすぎで、ホントはこっちを見ている人なんてそんなにいなかったかもしれないし、見ても何とも思われてなかったかもしれない。でもその間はとても敏感になっていて、〝あ、また見られた〟〝あ、あの人は骨折なんかしてと思われてる……〟といちいち気になってしまいました。

障碍《しょうがい》を持っている人や外国人で髪や肌の色が違う人などは、もしかするといつもこんな経験をしているのでしょうか。こちらはふつうに接しているのに相手が気にしすぎということもあるかもしれないけれど、こちらも心のどこかで〝自分と違う人〟がバスに乗ってくるのは面倒だな、迷惑だな、と思っていて、それが表情や態度に出るかもしれません。〝違う人〟に対して何気なく接したり、もしその人が手伝いを求めているなら自然にそれをしてあげたりするのは本当にむずかしいんだな、とわかりました」

この学生の言葉には、私たちが「違う人」をどこか特別な目で見てしまいがちなこと、さらにその人を「面倒だな、迷惑だな」と思いがちなこと、そして、そう思われる人にとってそれはとても気になったり傷ついたりすることが、よく表れています。

そして、いじめや差別を「仕方ない」と思わずにやめなければならないもうひとつの理由は、自分がいくら「私は日本に住む日本人だから、〝違う人〟なんかほとんどいないよ」と思おうとしても、世界の流れの中でもうそれはできなくなるから、というものです。

「グローバル化」という言葉を聞いたことがあると思いますが、世界ではいま、人の流れがとても活発になっていて、とくに学問やビジネスの世界では、国を超え大陸を超えて人が移動しています。私たちが住む日本にも、外国から来て働く人たちがどんどん増えていますし、学生の中にも「国際的な会社や組織で働きたい」と希望する人が多くなっています。どの地方の小学校や中学校にも、仕事などで日本にやって来た外国人の子どもがいると思います。

日本は、生まれる子どもの数が少なく、子どもや若者の数が昔よりどんどん減る「少子化」という問題を抱えています。このままでは将来、働き手が不足することが予測されますが、とくにどうしても多くの人手を必要とする医療や介護の世界では、今後、外国から日本でその仕事をしてくれる人を多く迎え入れなければならないことは確実です。

そういう世界的な流れや日本の事情の中では、「〝違う人〟といっしょにやっていくなんて無理」などとは言ってられないのです。「違う人」と生きる、これを「共生」と呼ぶこともありますが、これからの世界はどこの国であっても、この共生社会の道を選ぶしか生き残る道はない、と言ってもよいでしょう。いまアメリカやヨーロッパの一部の国で、「国境を越えてやってくる移民は困る」「自分の国の内戦から逃れて来る難民を受け入れたくない」と共生社会を拒む動きが見られますが、これだけ仕事や人々の活動がグローバル化している中では、長い目で見ると「私の国は〝同じ人〟たちだけでやって行くことにしたい」というのは無理な話だと思います。

さて、「自分がいつ〝違う人〟とみなされて特別な目で見られるか分からない」〝違う人〟といっしょに生きる共生社会を目指すしか日本も世界の国も生き残れない」といった理由からも、〝違う人〟を下に見たり追い出そうとしたりするいじめや差別は許されないこと、というのはわかってもらえたのではないかと思います。

それでも、私たちのごく身近なところにも、少し離れたところにも、いじめや差別はまだまだ残っています。新しく起きるいじめや差別もあります。ここからは、「いま起きているいじめや差別」に対してどうすればよいのか、という具体的な対処法を考えてみましょう。

まず気づくこと

何よりも大切なのは、「これはいじめだ」「あ、この言い方は差別じゃないか」と気づくことです。すでに、私たちは自分がその対象になっていても、なっていなくても、もちろんそれをやる側になっていても、いじめや差別を見たときに「これはいじめや差別なんかじゃない」と自分に言い聞かせようとするという話をしました。私たちは心のどこかでは「いじめや差別はダメ」と知っているので、逆に「そんなことはしていない、受けていない、見ていない」と自分をごまかそうとするのです。

でも、「そんなのはない」とフタをしてしまえば、それは絶対に解決はしません。見て見ぬふりをするのがいじめや差別の解消にはならない、という「寝た子を起こすな論」の間違いについても説明してきました。

なので、たいへんショックでつらいことではあるのですが、まずは「これはいじめ、差別だ」ときちんと認めることから始めるしかないのです。

しかし、実はこれは想像以上にたいへんなことです。

私たちの心には、自分が認めたくないこと、認めるのはつらいことがあったときに、〝見なかったふり〟をする自動装置のようなものがついているからです。一瞬、「あ、いじめが起きてるんじゃないかな」と気づきかけても、心の中で「そんなわけはない。フザけているだけだよ」とその気づきを必死に打ち消すような動きが起きるのです。その動きじたいは自分でも気づかないくらい心の奥のほうで起きるので、自分自身は「なんだ、フザけているだけなんだ」とごく自然に思ってしまいます。精神医学の専門用語では、この「打ち消す動き」のことを「否認」と呼びます。

この「否認」は、自分がいじめや差別の被害者のときも、加害者のときも、まわりで見ている人つまり傍観者のときも、同じように起きます。そして、この「否認」には、そのいじめや差別の内容がひどければひどいほど起きやすくなる、という性質もあります。たとえば、親からの虐待でからだにあざができたり骨折したりしている子どもが児童養護施設に保護されても、その子が「これは転んでできたケガなんだよ」と言い張ることがあります。子どもが自分に暴力をふるう親をかばってそう言うときもありますが、「否認」のメカニズムが働いて本当にそう思い込んでいる場合もあるのです。

小さな子どもの場合、自分でも気づかないうちに起きている「否認」を防ぐのはむずかしいのですが、中学生以上であれば「ちょっと待てよ。自分で〝見なかったふり〟をしているだけじゃないかな」と立ち止まって考えることもできるはずです。

そこでもし、「自分で〝見なかったふり〟をしていただけで、やっぱり私が見たものっていじめなんじゃないかな」と気づくことができたら、それは解決に向けたとても大きな一歩です。

気づいたら、多くの人は「何かしなきゃ」と次の動きを考えたくなるものです。それに、何も動けなくても、とりあえず「気づく」だけでもよいのです。まずは気づき、認めなければ何も始まりません。

「やめよう」と言えなくても同意しないだけでいい

これも、簡単に見えてとてもむずかしいことです。私の経験をお話しします。

あるとき私は、昔いっしょに働いていた仕事仲間と何年かぶりに会うことになりました。つとめ先が変わってから連絡も取り合っていなかったのですが、仕事関係の勉強会で偶然再会し、「なつかしいね。今度ごはんでも食べに行きましょう」ということになったのです。

はじめのうちは、共通の知り合いについて「あの人は相変わらず元気だよ」「彼女は外国で活躍しているらしいね」などと情報を交換し合い、楽しい時間をすごしました。ところが途中でその人が、ふとこんなことを言ったのです。

「私の住んでいる町にも最近、中国人観光客がたくさんやって来てね。一見、日本人と見分けがつかないんだけど、レストランでいっしょになったりするともう悲劇なんだよ。あの人たち、こっちにはわけのわからない言葉で大声で話すからうるさいのなんの。まったく迷惑な話だよね」

以前、いっしょに働いていたときには、その人が外国人に対して「迷惑だ」などと言ったのを聞いたことはなかったので、私は驚きました。「そんなことをこの人が言うわけはない」と思わず〝聞かなかったふり〟、つまり「否認」をしそうになりました。

でも、はっきりと「中国人観光客は迷惑」と言ったのです。

次に私はどうするべきか、それも迷いました。「ふーん、そう」と適当にあいづちを打ち、「ところで、今年は旅行に行った?」などと話題を変えようか、とも思いました。ただ、そうしたら家に帰ってからもずっと「あの人、中国人を差別するような人になったのだろうか」とモヤモヤ考え続けることになるのは明らかです。私は、ちょっと勇気を出して言いました。

「私たちは中国語がわからないから、まわりでいっせいに話されるとちょっとビックリしちゃうかもしれないね。でも、せっかく日本に観光に来てくれるわけだし、中国人は迷惑だなんて言うのはやめようよ」

その人は私も「ホントに迷惑だよね」と同意してくれると予想していたのか、「そ、そう？」と意外そうな顔をしました。でも、そのあとで「まあ、日本人のおじさんたちも酔っぱらうと大声で話すけどね。それに私は中国人観光客がたくさん来てくれることじたいは、とてもいいことだと思ってるよ」と言ったので、私は「伝わったはず」とほっとしました。

ただ、「この人、いじめや差別をしているんじゃないか」と気づいても、もちろん「やめようよ」と言えないこともあります。

また私の経験を書いてみます。いまのケースとほぼ同じ話なのですが、今度は相手が「以前、同じ職場で働いたことのある仕事仲間」ではなく、昔、お世話になった学校の先生だったのです。同窓会で会った先生はすでに八〇代でしたが、最近、パソコンの勉強を始め、インターネットをあれこれ見ることもできるようになった、とのことでした。

「すごいですね」と感心する私に、先生は言いました。

「そこでわかったのだが、日本のマスコミは信用ならないって知ってたか。とくに新聞社なんて社員の何割かは北朝鮮のスパイで、北朝鮮に都合のいい情報ばかり流してるらしい。あいつらはひどいな」

これは北朝鮮の人たちに対する差別に基づくデマをそのまま信じ込んでしまっている、ということなのでしょう。私は、自分にいろいろ教えてくれた先生がいまではすっかりデマにだまされていることにショックを受け、悲しく思いましたが、さすがに「先生、間違ってます。そんなことを言うのはやめてください」とは言えませんでした。そのときは「私はそうだとは思いませんが」と答えるのが精いっぱいだったのです。

ただ、そこで「そうなんですか！　北朝鮮は恐ろしいですね。これからは新聞も信じないことにします」と先生に合わせるようなことを言うのだけはやめよう、と思いました。もし、「私もそう思います」などと言ってしまったら、きっと後で「自分の気持ちにウソをついてまで、差別的なデマを言う先生に合わせてしまった」と悩んだでしょう。それに、「私はそうは思いませんが」と言うだけでも、もしかすると先生は「あれ、どうして同意してくれないんだろう」と考え始めるかもしれません。その場では「せっかく教えてやったのに」とムッとしたかもしれませんが、いつか「あのとき、あの元生徒はどうして〝そう思いません〟と言ったのかな」と考えてくれることも期待できます。

この人が言っているのはいじめや差別だと気づく。そう認めたくなくても、目をそむけずに認める。そして、言えるときは「違うと思う」「やめようよ」と言う。言えない場合でも、「私もそう思う」とその人に話を合わせない。

まずは、これだけでもずいぶん状況は変わるはずです。

まわりの人に教えよう

よく、「いじめや差別に気づいて、学校の先生や親に伝えたのに何もしてくれなかった」という話を聞きます。これは、残念ながらおとなも先ほど話した「否認」をしようとするので、生徒やわが子がいじめや差別を受けている、その現場を見た、という話をしても、「そんなことはあるはずない」と〝見なかったふり〟をしてしまうのです。もちろん、それは良いことではないのですが、人間の心には「否認」をする自動装置がついている、という話は先ほどした通りです。

では、どうすればよいのか。

ひとつは、「一度伝えてわかってもらえなくてもあきらめない」ことです。最初は「否認」を使って「そんなわけないよ」と言っていたおとなも、何度も訴えることで「待てよ、ホントにあるのかも」と気づいてくれることもあります。何度も話すのはとても疲れますが、とにかく一度ではあきらめないことです。

その前に、まわりを見わたして「誰が味方になってくれそうか」とさがして仲間を増やすのもよいと思います。

クラスの誰かがいじめを受けている。自分はそれに気づいてしまった。先生に話してみたけど、「考えすぎじゃないのか」と強く「否認」している。そんなときには「もしかして、あの子も気づいてるんじゃないか」という友だちを探す。そして、「あの子をみんな無視してるけど、あれっていじめだと思うんだけど」と話してみれば、「やっぱり！　実は私もそう思ってたんだけど、誰にも言い出せなかったんだよね」ということになるかもしれません。そうやって、まずは「いまこのクラスではいじめが起きている」という問題に気づく人を増やすのです。五人、八人といった集団で担任の先生に相談に行けば、「それはあなたの考えすぎじゃない？」と言われることもなくなるはずです。

「いじめ」や「差別」をしている人の言い分を聞いてはダメ

さて、ここでいじめや差別があるな、と気づきかけた人がよくやってしまうことについて、話してみたいと思います。この三章にあった話なども思い出しながら読んでください。

何か問題が起きたときの対応として、私たちは「相手の意見やそうしている理由を聞いてみましょう」と教えられます。

しかし、いじめや差別の多くにははっきりした理由などないことは、これまで説明してきました。というより、いじめや差別の多くは、自分の中にある不安や「自分はもっと活躍できてもよいはず」といった不満やあせりなどから起きているだけで、相手には関係ないことなのです。

たとえば、先ほど私の昔の仕事仲間が、「中国人観光客が迷惑だ」と話したという自分の経験を紹介しました。では、その人は本当に、何回も何十回も中国人観光客とレストランでいっしょになったのでしょうか。おそらくそうではなく、たった一度か二度のことからそう言っているのでしょう。

その人は、実はいまの会社経営の仕事がうまく行っておらず、「このままでは会社を閉めなければならないかもしれない」とあせっているようでした。毎日、会社の帳簿を見ながらイライラしているその人にとって、日本に観光に来て楽しそうにレストランで話している中国人がうらやましく、同時にねたましく見えたのではないでしょうか。また、同窓会で北朝鮮の人たちへの差別やデマを口にした先生も、「自分は高齢になって社会から取り残される」という不安を持っているように見えました。だからこそ必死にパソコンを勉強して、「ほら、自分はネットも使いこなしてこんなにすごい情報を持っているんだ」ということを見せたくて、ついデマに飛びついたのかもしれません。

このように、いじめや差別のほとんどは、自分の側にある問題や悩みを目の前の誰かにぶつけて消そうとして起きているとも考えられます。でも、それは自分では認められません。ここで起きるのも例の「否認」です。

もし、先ほどの先生に「どうして北朝鮮が日本のマスコミに入り込んでいる、と思うのですか」と意見を聞いても、「ネットに書いてあった。悪いのはあいつらだ。絶対に許せないから新聞の不買運動をして、北朝鮮から来ている人にはすぐに帰国してもらわなければならない」などと一方的に相手を責めるようなことを言うだけでしょう。そこで、「いいえ、それは先生の心の中にある不安を〝北朝鮮のせい〟にしているだけではないでしょうか」と言っても、「なんて失礼なことを言うんだ！」と怒鳴るだけかもしれません。「否認」を指摘すると、相手はたいてい強く否定したり怒ったりするのです。これを専門用語で「抵抗」と言います。

だから、いじめや差別をしている人にじっくり話を聞くというのは、ほとんどの場合で意味のないことだと私は思います。それに、もし何か「なるほど」という理由があったとしても、相手を傷つけて心の病を発生させたり、追い出すなどの排除につながったり、場合によってはケガをさせたり自殺に追い込んだりといった深刻な被害や犯罪につながったりするいじめや差別はとにかくあってはならないことです。

いじめや差別は、それが起きているとはっきりしたら、とにかくどうすればやめさせられるかを考える。それしかないのではないでしょうか。

被害者にもそうされるだけの理由がある、と考えない

これは前の章でも話しましたが、いじめや差別を受けていい人など、この世界には誰ひとりいません。もちろん、学校や社会で問題を起こしたりひどい失敗をしたりしたら、叱られたり注意されたりすることはあるでしょう。「こうすればいいよ」と指導や助言を受けることもあるはずです。

でも、それといじめや差別は違います。いじめや差別は、自分と少しでも違う人に対して、その「違い」に目をつけ、「違い」が許せないというだけで攻撃したり自分のそばから追い出そうとする、というまったく一方的で理屈など何もない行為なのです。

誰かがいじめや差別を受けていると、私たちは被害者にも何か問題があるのでは、と考え始めてしまい、「そうだ、あの子にもちょっといいかげんな面があるからだ」などと納得することがあります。もちろん、誰にでも欠点や短所はあるので、探せば何か問題は見つかるでしょう。ただ、もし本当にそれが理由なら、その点だけを「もっとまじめにやってね」と注意すればいいはずです。そういった個人的な一部の欠点だけが理由

で、その人の全体が否定されたりその場所から追い出そうとすることはあってはいけません。それはやっぱり、いじめや差別です。

ただそれは、「人をきらいになってはいけない」ということとは違います。どんな仲間や友だちどうしでも、しばらくつき合ううちに自分にとって「気のあう人」と「気のあわない人」に分かれてきます。「そんなこと思っちゃいけない、みんなと仲良くしなければ」と思っても、どうしても「気のあう人」の顔を見るとほっとするし、「気のあわない人」が話しかけてくるとなんとなく「困ったな」「イヤだな」と感じることがあります。

もちろん、「気のあわない人」なんていないほうがいいですし、多少そう感じても「この人にはいいところもある」と思ってうまくつき合っていけるほうがずっといいのは間違いありません。でも、どうやっても「やっぱりこの人は苦手だな」と思う人がいるのは仕方のないことだと思います。

精神医学の中に、人間の心のさらに奥には「無意識」と呼ばれる領域がある、と考える精神分析という治療法があります。自分でも理由ははっきりわからないけれどなんとなく好き、なんとなくきらいなどと感じるときには、この「無意識」の働きが関係していることが多いのです。「無意識」は昔の記憶や本人が自分で目を背けている感情などからできていると言われますが、自分ではこの「無意識」をコントロールすることはできません。だから、たとえば自分でも覚えていないような幼児期に誰かからひどい嫌がらせを受けた人の場合、その人と笑い声が似ている誰かに出会うと、「無意識」の中の記憶や感情が動き出して、「この人のことがきらいだな」と思ってしまうこともあります。でも本人には「どうしてきらいなんだろう」とその理由がわからないのです。

もちろん、その逆で、遠い昔にとても良い思い出を与えてくれた誰かと似た人に会ったとき、「無意識」の働きで知らないうちにその人を好きになることもあります。私の友だちで二歳のときに父親を病気で亡くした、という人がいました。本人は父親の顔や声をまったく覚えていません。その人が三〇歳になって職場で好きな男性ができ、交際が始まってついに結婚を申し込まれました。友だちはもちろんオーケーし、母親に「私、結婚したい人ができたの」とその恋人を紹介することになりました。そしてついに三人で会ったのですが、友だちの母親は驚いたそうです。それは、娘の恋人が、昔亡くなった自分の夫、つまり友だちの父親にそっくりだったからです。

「父親の写真は何度か見たことあるけど、別にそれと似た人を探してたわけじゃないし。母親に〝お父さんそっくり〟と言われても、いまひとつピンと来ないんだよね。でも、どこかで父親の声や顔をなんとなく記憶していて、だからいまの彼氏に出会ったとき、〝感じのいい人だな〟と思っちゃったのかもしれないね」

このように、人を好きとかきらいとか「気があう」とか「気があわない」とか思うのは、ときとして「無意識」の働きが強く関係している場合が少なくないのです。だとしたら、それをすべて自分でうまくコントロールして、「誰かのことをきらいだとか気があわないとか思ってはいけない」と思うことはまず不可能でしょう。

だから、私は学生たちにもよく言います。

「すべての人を好きになりなさい、みんなと心から仲良くしなさい、とは言いません。人間には『無意識』もあれば自分の個性もあるんだから、どうしても苦手な人やうまく行かない人がいるのはむしろ当然です。」

ただ、それだけで話を終えることはありません。「でも」とその先を続けます。

「『なんだか気があわないな』と思う相手に対して、『あの人はマジメじゃないからきらわれて当然だ』とか『向こうが意地悪だから私にきらわれるんだ』と無理に理由をくっつけて、ますます嫌ったりあなたがいる場所から追い出そうとしたりするのはやめましょう。『ああ、私の無意識があの人を気に入ってない、ということなんだな。無意識の中には何か理由があるんだろうけど、私にはそれはわからない』と思って、あとはその人とどうやってうまくやって行くかを考えたほうがよいのです」

「誰かのことが嫌い」なのはなるべく〝相手の問題〟ではなく、〝自分側の問題〟と考える。そういうクセをつけることが大切です。

「ストックホルム症候群」という心理

いじめや差別の被害を受けている人が、いつの間にか今度は別の人をいじめたり差別したり、という加害者になってしまうことがあります。なぜそんなことが起きるのでしょう。ここにも人間の心理が関係していると思われます。

この不思議な心理は、「ストックホルム症候群」という名前で呼ばれています。これは、テロリストや誘拐犯などに無理やり拘束された人質などが、いつのまにか自分を苦しめる加害者に同調して協力する、というものです。人質たちは、自分の命のゆくえを支配する加害者や犯人をだんだん「頼りになる存在だ」と錯覚するようになり、「心の中はやさしくていい人だ」「すばらしい信念の持ち主だ」と賞賛したり惚《ほ》れ込んだりするのです。

このストックホルム症候群がよく知られるきっかけになったのが、「パトリシア・ハースト誘拐事件」です。パトリシア・ハーストという女性は、〝新聞王〟の異名を取ったウィリアム・ハーストの孫娘として一九五四年に生まれ、セレブとして優雅な生活を送っていました。

ところが一九七四年、当時一九歳でカリフォルニア大学バークレー校の学生だったパトリシアは、婚約者と高級アパートに一緒にいたところを武装した二人組に襲われ、連れ去られたのです。その三日後、犯人グループである過激派集団から地元ラジオ局に犯行声明が届きました。それは、彼らがパトリシアの身柄を解放するかわりに「カリフォルニア州の貧民六万人にそれぞれ七〇ドル分の食料を与えろ」という内容でした。

アメリカ中の人たちが驚いたのは、それから約二ヶ月がたったある日のことでした。その過激派集団は次にサンフランシスコ北部にある銀行を襲撃したのですが、このとき、銀行の防犯カメラに、なんと誘拐されたはずのパトリシアが犯人グループと共にライフル銃を持って強盗を行っている様子が映し出されたのです。

さらにその後、ロサンゼルスの放送局に、パトリシアがその集団のメンバーになったことを宣言するカセットテープと写真が送りつけられました。テープには、「死を恐れず最後まで戦う」という声明が吹き込まれており、親やかつての婚約者はひどい言葉で激しく批判されていました。

その後、パトリシアは身柄を確保され、裁判で有罪判決を受けて刑務所に行き、大統領の特別措置を受けて釈放されました。

それにしても、パトリシアはなぜ、自分を誘拐した犯人の集団のメンバーとなり、銀行を襲撃するようにまでなってしまったのでしょう。弁護団は裁判で、「パトリシアは洗脳されていた」と主張したのですが、それだけでは説明がつきません。少なくとも過激派集団と活動していたときの彼女は、彼らの主張に共感して、自分でそこに加わることを望んだとも言われています。

おそらく、これこそがストックホルム症候群なのでしょう。つまり、命の危険を感じるような状況では、自分の命のゆくえまでを握っている人たちが、ある日を境に頼りになる人、すばらしい人に見えてきてしまうのです。

実は、これは夫からドメスティック・バイオレンスを受けている妻が、自分のすべてを支配する夫を次第に尊敬するようになり、「この人の言うことをきいていれば間違いない」と思い込むのと同じです。

いじめや差別の被害者やまわりで見ている人の中にも、あまりにひどい目にあっていたりそれを見たりしているうちに、いつのまにか「向こうの人たちは本当はいい人かもしれない」などと自分に言い聞かせ、さらにはそちらの仲間になったり別の人にいじめをしたり差別したりすることもあるのです。それは決して、相手の主張に共感したからなどではなくて、それほどひどい目にあったりそれを見たりしたための、一時的な心の反応です。「あれ、向こうもそれほど悪い人たちではないのでは」と思い始めたら、「いや、そんなはずはない」と自分に言い聞かせる必要があります。

気づいたけれど何もできないとき

誰かがいじめや差別を受けている。それに気づくことはできた。でも、先生やまわりのおとなにそのことを伝える勇気がない。もちろん、いじめや差別をしている加害者に「やめなさいよ」と言うことなんて、とてもできない……。

実はそんな人がいちばん多いのではないか、と思います。

診察室に来る人からも、そういう話をよく聞きます。

「私の隣の机の人、たしかに仕事があまりできるタイプではないんです。でも、その人に対する上司の態度はひどすぎます。同じミスをしても、ほかの部下には小さな声で『次はちゃんとやってよ』と注意して終わるのに、その人のときは大声で『おまえのような社員を給料泥棒って言うんだよ！』などとまわりに聞こえるように怒鳴ります。これパワハラですよね」

相談に来た人は、「上司の態度はおかしい、これは会社のいじめ、つまりパワーハラスメントだ」と気づいているのです。でも、「その上司に〝おかしい〟と抗議する勇気はない」とも言い、そんな自分の勇気のなさが自分でも情けなくなるのだそうです。

「ほかの人はどうしているのですか」ときくと、こんな答えが返ってきました。

「その上司は会社でも力がある人なので、誰も逆らえません。だからその人が『給料泥棒！』と言うたびに、いっしょになってアハハと笑ったり手を叩《たた》いて喜んだりする人もいます。私はあなたの忠実な部下ですよ、とアピールしているんでしょうね。それを見るのもつらい。気の毒でパワハラを受けている同僚の顔も見られません。でも、『そんな言い方はやめてくださいよ』とも言えない。私はどうすればいいのでしょう」

この人は、とてもやさしくて正しい心の持ち主なのだと思います。だからこそ、つらい気持ちになるのです。

こんなとき何ができるか。

実は、これはとてもむずかしい問題です。

「むずかしくないよ。いじめられている人に寄り添って、『たいへんだね』と声をかけるだけでもその人はずいぶん救われるんじゃないかな」と思うかもしれませんが、話はそれほど簡単ではありません。

たとえば、もし自分が学校でいじめを受けていると考えてみましょう。今日もまたみんなの前で「くさい」「汚い」と言われ、まわりの同級生たちは笑っている。泣きたい気持ちをおさえて授業を受けてひとりで帰ろうとすると、同じクラスの人が近づいてきて声をかけられた。

「いつもたいへんだね。ボクはわかってるよ、キミはちっとも悪くないってこと。あいつら本当に許せないよ。この学校からいじめなんてなくしたい、と思ってるんだ」

あなたは、「自分のことを見ていてくれて、応援してくれる人がいるんだ！」ととてもうれしくなり、「ありがとう。もう学校に来たくないんだけど、もうすぐ卒業だしがんばるつもりなんだ」と自分の気持ちを話すかもしれません。「自分はひとりじゃない」とすごく勇気づけられたような気がして、元気がわいてくるでしょう。

そして、次の日。また休み時間に自分をいじめるグループが近づいてきて、「今日もおかしな服着てるなー」「ヘンなにおいがする」などとはやし立てます。そのまわりにいる子たちも、クスクス笑ったりこっちを見てヒソヒソ話をしたりしている。

そのときあなたは、昨日、帰りに声をかけてくれた友だちの姿をさがすでしょう。「あんなに〝許せない〟って言ってくれたんだから、きっと〝もうやめろよ〟と言ってくれるに違いない」と思うのではないでしょうか。

でも、あなたの視界に入ったその子は、机の上のノートに目を落としています。「助けて！　またいじめられてるんだ」と心の中で叫びますが、その子はこちらを見ることもありません。

そうやって一日が終わり、帰り道でまたその子が声をかけてきます。

「本当にたいへんだね。いじめるやつらって卑怯《ひきょう》だよね。ボクはキミの気持ちに寄り添っているつもりだよ」

そう言ってもらえるのはうれしいけれど、昨日ほどは元気がわいてきません。心の中に「そう思ってくれるなら、どうしていじめを受けているときに〝やめようよ〟って止めてくれないの？」という疑問がわいてくるのではないでしょうか。あるいは、「もしそうなら、せめてみんなの前でもボクと話すとか、友だちだってことをまわりに見せてほしい」と思うかもしれません。そんなことが続くと、「ボクに寄り添いたいって言ってるけど、何もしてくれないじゃない。ホントにそんなことを思ってるの？」と、相手の態度に疑問を抱くようになると思います。被害を受けている人は、それくらい気持ちがピリピリして疑いを持ちやすくなってしまうものなのです。

このように、「被害を受けている相手に寄り添う」というのは、それじたいは大切なことなのですが、それだけでは決して被害そのものを防ぐことはできないのです。

そして、「私は被害を受けている人の味方」ということを加害者やまわりの人の前では隠していると、被害を受けている人は「どうして言ってくれないの？」とそれを疑問に感じて、場合によってはさらに傷つくことにもなりかねません。

この「寄り添うだけでは何も変わらない」というのはとても新しい考え方で、なかなか理解してもらうのはむずかしいかもしれません。「まずは被害者に寄り添うことが必要」というのが、これまでのいじめや差別の解消の基本でした。ただ、ここまで説明してきたように、「寄り添うこと」ではいじめや差別を行う人の行動を止めることはできない。これを忘れてはなりません。

では、寄り添わないほうが良いのか。これも違います。私が言いたいのは、「自分は被害者に寄り添っているから、ちゃんと相手を救っているし、いじめや差別防止の役に立っている」と安心しすぎてはいけない、ということです。たとえば、もしできるならこんなことを被害者に正直に伝えてもよいかもしれません。

「あなたがいじめを受けているのを知っているし、それはたいへんだと思っている。でも、私には、直接、加害者に〝やめなさいよ〟と伝える勇気がまだない。だから、せめてあなたと話したりいっしょに帰ったりしたいんだけど、いいかな?」

そう言ってもらえたら、相手はあなたがどういう立場なのかをきちんと理解できるでしょうし、「どうして直接、私をいじめる人に抗議してくれないの?」という疑問もある程度は解決するのではないでしょうか。でも、これはあくまで「ある程度」で、相手はやっぱり「私を理解して寄り添っているというなら、私をいじめる人に何か言ってほしい」と思うはずです。何度も繰り返してきたように、本人はいじめや差別にあうとその場では心もからだも固まってしまい、とても「やめてください」などと自分で言い出すことができなくなるからです。

ただ、学校ならその人がいじめを受けていないときに、これまで通り接することはとても大切です。「いっしょに帰ろう」と言ったり、体育館などへの教室移動のときに「今日のサッカーは勝ちたいなー」などとふつうの話をしたりできれば、いじめの被害を受けている友だちはとてもホッとすることでしょう。そこで「いじめられててたいへんだね」などとあえていじめの話をする必要はないのです。

ただ、そうやって話しているうちに、その友だちのほうから「最近、クラスでいやがらせをされてる」といじめの話題が出るかもしれません。そのときは、正直に話すのがいちばんよいと思います。気づいているのに、「えー、知らなかった！　あなたの思いすごしじゃないの？」と否定するのはよいことではありません。

「うん、そうじゃないかと思ってた。でも、私から相手に直接、やめようよって言えなくて……。先生に話してみようか」

このように、まわりの信頼できるおとなにいっしょに相談しよう、と伝えられればそれで十分かもしれません。

直接、いじめられている人をサポートする

もう一度、具体的な状況を想像してみましょう。

友だちの様子がふだんと違う。いつもおどおどしている。誰かが何かを言うと、ビクッとする。話しかけてもあまり聞いていない。「どっちにする？」と尋ねると、「どっちでもいい」と自分の意見を言おうとしない。

あれ、おかしいな……。そう思っていると、昼休みに友だちのまわりに同級生が三人集まり、ニヤニヤしながらなにかを言っているのに気づいた。ちょっとだけ近づいてみると、「おまえの父さんはどうしたんだよ」「母さんは何してるんだ」という言葉が聞こえてきた。

その友だちの両親は離婚して、母親が遠くの町に仕事に行っていて、友だちは祖父母の家で暮らしている。三人の同級生は、そのことで友だちをからかっているようだ。

こんな状況になったら、あなたはどうするか。

「もしかして、これはいじめ……」と思うかもしれませんが、これまで言ってきたように、いじめや差別はやっている人はもちろん、見ている人も受けた人も、最初は「いや、これはいじめや差別なんかじゃない」とそれを否定しようとする「否認」という心の働きが起きます。あなたも、まずは「今だけのことかもしれない」とそれ以上、あまり考えないようにして、その場を離れてしまうかもしれません。それは仕方ないことです。

でも、その次の日も、さらにその次の日も、その三人が廊下や体育館などほかの場所でも友だちを取り囲み、同じようにニヤニヤしながら何かを言っている様子を見てしまったら、どうでしょう。

そうなると、さすがに「今だけの偶然だ」と思うことはできません。「やっぱり、これはいじめなんじゃないか。友だちはずっといじめを受けていて、だから最近、様子がおかしいんじゃないか」と認めないわけにはいかないでしょう。

とはいっても、その三人組にすぐに「やめなよ」と言うのはとてもむずかしいことです。これも繰り返しお話しました。

そして、そのときにできることは、「その三人組の仲間にならない、同意もしない」「まわりの信頼できる友だち何人かで相談して、担任の先生や養護の先生など信頼できるおとなに話す。一度であきらめずに何度も伝える」「友だちにはなるべくこれまで通り接する」などだという話もしました。

ただ、まわりの友だちに「実は、あの子、いじめを受けているみたいなんだ」と話したら、その人が「えー、私が注意するよ！」と直接、いじめを行っている加害者と話そうとすることもあるかもしれません。もしあなたが「まずは先生に話そうよ」と止めようとしても、「先生なんか何もしてくれないから、私が話すよ」と言う人もいるはずです。

そのときは、どうすればよいのでしょう。

いちばん大切なのは、その友だちをひとりにしないようにすることです。

その友だちがいじめや差別をする人に、「あなたのしていることは間違っている。やめなさい」と伝えたとして、それがすぐに相手に伝わるとはまず考えられません。誰かに注意されて反省してやめるくらいの人は、おそらく自分からいじめや差別をすることはないからです。

おそらく友だちが「やめなさいよ」と言ったとしたら、いじめや差別をする人たちは今度は、その人をターゲットにして攻撃してくるでしょう。

実は、私も同じような目にあってきました。私は、「韓国人は出て行け、朝鮮人は犯罪者だ」などと日本に住む韓国人や朝鮮人を民族や人種だけで差別し、追い出そうとするヘイトスピーチをする人たちに、いろいろな形で抗議をしています。もちろん、こうやって本や雑誌の原稿で「差別は間違っている。これからはいろいろな違いがある人たちと仲良く暮らしていかなければならない」と訴えていますが、ヘイトスピーチを口にしたりプラカードに書いたりしながら繁華街を集団で行進するヘイトスピーチデモは、活字だけでは止まりません。なので、その場に出かけて「やめなさい」「帰りなさい」と直接、差別する人たちに抗議するカウンターと呼ばれる行動をすることもあるのです。

それをやっていると、ヘイトスピーチデモをする人たちは、韓国人や朝鮮人への差別を口走ることをやめて、カウンター行動をしている私やそのまわりの数十人、数百人の人たちに向かって、ものすごい勢いで「おまえたちこそ帰れ」「悔しかったらこっちへ来てみろ」などと攻撃の言葉を投げかけてきます。中には、私が誰かに気づいて、私の名前を叫びながら「おまえこそ病気だ」「バアさんこっちへおいでー」などと集団ではやしたてられることもあります。

でも、それは差別にもとづくヘイトスピーチではなくて、単なるいやがらせです。私の国籍や民族など、自分では変えられないことに対してそういった言葉が投げかけられるわけではないからです。

「差別なのかいやがらせなのかなんて、大きな問題ではない。どちらにしても、道の真ん中で〝帰れ〟とか〝バアさん〟とか言うのは問題だろう」という意見もありますが、これはまったく違うということは、この本の前半でもくわしく説明したはずです。「おまえこそ病気だろう」などと言われたら、「それは違う」と否定することができます。でも、民族や国籍を理由に「韓国人は全員いなくなれ」と言われたら、韓国人である限りは否定もできないし、言い返すことができなくなるのです。

とはいっても、自分の名前を叫ばれながら「頭がおかしい」などと言われ続けるのは、楽しいことではありません。その場だけではなくて、そういった攻撃はネットのSNSやメールではさらにひどくなります。いじめや差別をしている人は、それをやっているうちにだんだん「やらずにはいられない、やることじたいが楽しくて仕方ない」という中毒のような状態になるので、止められると腹を立てることが多いのです。

一時はあまりにいやがらせがひどいので、「差別に反対するのはもうやめたほうがいいのかな」と思ったこともあります。それでも、すぐに「いや、これをやめるわけにはいかない」と思いました。それは、この本で言ってきたように、いじめや差別はいろいろな人がみんなで力をあわせて生きるためには、絶対になくさなければならないものだというのがいちばんの理由です。そしてもうひとつの大きな理由は、「差別はいけない」と思って行動しているのは私だけではない、ということです。ヘイトスピーチデモを止めようとして集まっている数十人、数百人の人たち、ネットではさらに多くの人たちが「絶対にやめさせたい」と思って行動したり発言したりしています。そして、同じように考えている私のことも、いろいろな形で応援してくれます。

ある人は、ヘイトスピーチデモに抗議に出かけた私に、「香山さんが来てくれると本当にうれしくて勇気が出ます！」と言ってくれました。また、ネットでそういう発言をすると、「まだお会いしたことはありませんが応援しています」とコメントをくれる人もいます。中には、「無理してからだをこわさないように、疲れたら休んでくださいね」と気をつかってくれる人までいるのです。「自分を支えてくれる人がいる。ひとりじゃない」と思うと、本当に力がわいてきます。

あなたのそばで、いじめを行っている人に「私が注意する」と言う人も同じです。もしひとりで「やめなさいよ」と言いに行ったら、今度はその人が「おまえのほうがやめろよ」「優等生ぶってなんだよ」と逆にいやがらせの言葉を浴びたりするかもしれません。

そのとき、その人がひとりぼっちでいじめの加害者に向き合い、攻撃を受けることにならないよう、もしできたらその人がひとりで行くことにならないよう、何人かに声をかけてグループで行くのもいいかもしれません。大勢いれば誰が中心人物かわからなくなり、ひとりを相手に攻撃はしてこないからです。また、集団で注意や抗議に来れば、いじめをしている人たちも「反対している人がこんなにいるなら、やめておいたほうがよさそうだな」と思うかもしれません。

でも、その場にいっしょに行くことができない人もいるでしょう。だとしたら、直接、注意や抗議に行く人に、「どうだった？　だいじょうぶだった？」とその後で話を聴いてあげたり、「すごいね」とその人の勇気をほめてあげたりするのも、その人やいじめを受けている人の味方をすることになります。

その人がひとりで注意に行って、「知らないよ」などと相手にしてもらえず戻ってきたときに、誰もまわりにいない。そうなると、その人は「やっぱり注意なんてするんじゃなかった。私が間違ってたのかもしれない」と傷ついてしまいます。

そして、もし「ひとりで注意に行くのは危険じゃないか」と思うときは、「今日はやめたほうがいい。もうちょっと仲間を集めて、みんなで行こうよ」とか「先生に言って、おとなから止めてもらうことにしよう」などと話して、その人の行動を止めるのも、まわりで見ているあなただからこそできることです。「がんばって！」とその勇気ある行動を励ますだけではなく、「今日はやめて」と止める勇気が必要になることもあるのです。

「いじめ」や「差別」に抗議するときは……

被害を受けているのが自分ではない場合はどうでしょう。

学校で、あなたの大切な友だちやきょうだいがいじめられている。

近所で、あなたの知り合いが差別を受けている。

そう気づいてしまったとき。まわりのおとなに相談にしても、「気のせいじゃないの」とあまりかかわってくれないとき。何人かに話してみんなで相談しようとしても、「まあ、いじめられる方にも問題あるんじゃない?」などと言われてしまったとき。

あなたは、「私がいじめをしている人たちに〝やめて〟と言うしかない」と決意するかもしれません。

まず、伝えておきたいのは、その決意だけでも「とてもとてもすごいこと」だということです。

何度も繰り返してきたように、私たちはいじめや差別の現場を見てしまったとき、被害者から「困ってるんだよね」と相談されたりしたとき、「これはいじめや差別なんだ」と認める勇気をなかなか持てません。「きっとふざけてるだけだ」「相手もちょっとイライラしてたんだろう」と思って、自分が気づかないようにしてしまいます。

そこで、「いや違う。これはいじめだ」「この人は外国出身だから差別を受けているんだ」と気づくだけでも、「すごいこと」です。

そして、さらに次の行動――おとなに伝える、友だちと話し合うなど――を取るのは、「とてもすごいこと」です。

それだけでも「とてもすごい」なのですから、「よし、私が直接、伝えよう」というのは「とてもとてもすごいこと」なのは当然です。

でも、ここから先が問題なのです。

いじめや差別をしている人も、自分がそうしているということを認めようとしません。もし、あなたが「いじめはやめようよ」と言ったとしても、「そんなことはしていないよ」と否定するでしょう。この人たちは、自分がいじめや差別をしていると実はうすうす気づいているからこそ、それを誰かから指摘されるとよけいに強く「そんなことしてないよ！」と否定したり、場合によっては「そんなデタラメを言うのはやめろよ！」と怒り出すのです。

そうすると、今度はあなたがいじめやいやがらせの対象になるかもしれません。

先ほど、私がヘイトスピーチデモに直接抗議している話をしましたが、私は、ネットでも差別をしている人を見つけたら「そんな言い方はやめなさい」と注意するようにしています。

ネットで反差別の活動をすると、どうなると思いますか。これもヘイトスピーチデモと同じです。

もちろん、多くの人たちからは「大切な活動ですね。がんばってください」と励ましのメッセージが寄せられます。

しかしそれと同じくらい、「そんなことをするな、やめろ」という声も寄せられるのです。それは、自分たちがネットなどで在日韓国人、朝鮮人などに対して差別をしている人たちからです。その人たちは「自分たちがしているのは差別ではない。韓国は間違ったことばかりしているから、その人たちのために正しいことを教えているのだ」「北朝鮮は日本を攻撃しようと狙っているから、日本のためにも北朝鮮と関係ある人を日本から追い出すのだ」などと自分たちを正当化しています。それなのに私に「あなたたちのやっていることは、時代遅れの差別だ」などと言われると、自分自身を否定されたような気になるのでしょう。そして、「バカにされた」「正しいことをしているのに止められた」とハラを立て、「おまえこそオレを差別した差別主義者だ」などといったとんでもないデマをばらまいたりするのです。ネットは利用者も多いし、なまえを隠して発言できるので攻撃もひどいのです。

私のまわりでも、ネットで差別に反対する発言をしていたのに、差別をしている人から攻撃の対象となって傷つき、結局、発言をやめてしまった人が何人もいます。自分がつとめる会社に「あの人は危険な思想の持ち主です。おたくの会社はそんな人を雇っているのか」などと大勢の人たちから匿名の電話がかかってきて、「間違ったことはしてないのになぜこんな目にあうんだろう」と言っていた人もいました。

診察室で「どうしてもお酒がやめられない」というアルコール依存症の患者さんを診ることがありますが、そのたびに「いじめや差別」は一種の依存症なんだな、と思います。心のどこかでは「やっちゃいけない」と知っているのに、それをやっているときはなんだか自分が強い人、すごい人になった気がして、気持ちがよくなってくる。それが忘れられず、またいじめや差別をしてしまう。だから誰かに「あなたのやっていることはひどいことだ」などと言われると、「よけいなことをするな！　オレの楽しみを奪うな！」と、まるでお酒を取り上げられたアルコール依存症の人のように怒ったり、そう言った人を攻撃してしまったりするのです。

私の場合、差別をしている人からいくらひどいことを言われたりいやがらせを受けたりしても、いまはそれほど傷つかなくなりました。それよりも差別を少しでも減らしたいという気持ちが大きいからでもあるのですが、私自身がもう五〇代後半という年齢になったためもあるでしょう。この年齢になると、「このくらい落ち込んでも何日くらいで立ち直るな」というのがわかってくるので、たいていのことには耐えられるのです。

しかし、とくに若い人たちは違うと思います。いじめや差別をする人に直接、「やめなさい」と抗議をして、すぐに聞き入れてもらえず、「ナマイキなことを言うな！」と今度は自分が攻撃されると、たいへんな傷を負ってしまうことにもなりかねません。いじめや差別をする人に抗議するのは、それじたいは完全に「正しいこと」です。でも、残念ながら、いまの世の中は「正しいこと」がそのまま通用するわけではないのです。

よく、「強い口調で抗議せずに、ちゃんと説明すればわかってもらえる」と言う人がいますが、私はそれは違うと思います。いじめや差別をしている人は「オレがやっているのはよいことだ」などと強く思い込んでいるので、やさしい口調で説明すればよけいに「ほら、オレが正しいんだ」と思うだけです。もちろん、中には「そうか、これはやっちゃいけないことなんだ」とわかってくれる人もいるかもしれませんが、それはごくわずかです。その人たちには、まずはある程度、強い口調で「それはいじめです！　やめなさいよ」とはっきり言わなくてはならないのです。

でも、自分がそれを言うと、逆に攻撃されるかもしれない。

では、どうするか。

繰り返しになりますが、「これはいじめだ。私が注意しよう」と思うのは、「とてもとてもすごいこと」であり「正しいこと」です。

私は、それを自分に言い聞かせ、自分を落ち着かせ、「ひとりでは相手に抗議しない」というルールを作ることをおすすめします。

いじめや差別をしている人は、中毒のようにそれをすることの気持ちよさにひたり、気が大きくなっていることもあるので、ひとりで話すと何人かから「なに言ってるんだ！」「おまえもあいつの味方か」「先生に告げ口したのか」などといっせいに攻撃される可能性があります。だから、「ひとりでは対応しない」というのが原則です。

そして、何人かで「やめなさい」と言うときも、学校の場合はできれば先生などおとなに立ち会ってもらったほうがいいと思います。

「誰かがいじめられているから注意したい」というすばらしい思いを持っているあなたが、傷つけられたりいやな思いをしたりするのはおかしな話です。そこで相手から攻撃されて、「やっぱりもう『正しいこと』なんて言うのはやめよう」と思ってほしくないのです。これからも「正しいこと」を思ったり言ったりできる人でいつづけるためにも、自分を大切にしてほしい。そう思います。

そして、いじめや差別を受けている人には、「あなたは被害を受けているんだね。私は知ってるよ。どうすればいいか、いちばんいい方法を考えるからちょっと待ってね」と伝えればよいのです。その人は、「気づいているなら早くなんとかして」「あなたが相手に〝そんなことやめて〟って言って。言ってくれないのはひきょう」などとは言わないはずです。

自分が被害者になったら

この場合、相手に「やめて」「それは差別でしょう。おかしいよ」などと言うのは、無理なことです。

よく、「いじめを受けたら、ハッキリと相手に『そうされたくないのでやめてください』と言いましょう」などと指導する人がいますが、そんなことができるくらいなら、誰も苦労しないと思います。この本でも述べてきたように、いじめや差別を受けると、その人は頭が真っ白になったりからだが固まったりして、とても「やめてください」などと言えなくなるのです。

私はひどいいじめや差別を受けたことはありませんが、いま思うとある職場でハラスメントつまりいやがらせを受けていたことがあるように思います。どうしてこんなあいまいな言い方をするかと言えば、そのときは「これってハラスメントじゃない？」とも思えず、「仕方ない。私が悪いんだ」と思い込んでいたからです。その職場は病院だったのですが、私だけが「当直」という泊まり勤務の仕事を明らかにひとより多くさせられていました。ほかの医者は週に一回くらいなのに、私は週に三回も病院に泊まらなければならない。医者の場合、泊まり勤務をしてもその翌日も夜まで仕事があります。あまりに家に帰れないので、その頃、住んでいたマンションの管理人から、「あなたはいつもいないみたいだけど、いったい何してるの?」とあやしい目で見られたこともありました。

当直の順番を決めていたのはその病院の先輩医師たちだったのですが、きっと私に何か気に入らない点があり、「もっと働かせてやろう」と思ったのでしょう。これは立派なハラスメントです。

ところが、そうされているとき、私は「おかしいですよ。当直はもっと平等に回るようにしてください」とは言いませんでした。なんだか「これは仕方ないことだ。私はいろいろ欠点があるから、先輩から当直を命じられて当然なんだ」という気持ちになっていたのです。

そのあと全然違う分野で仕事をする友人と会っていて「週の半分以上は病院に泊まっている。ほかの先生は週に一回だけなんだけど」と話すと、「それ、おかしいんじゃない？　きっとあなたはいやがらせされてんだよ。ちゃんと病院の院長に話したほうがいいよ」と言われました。そこではじめて私は、「あれ、そうなんだろうか」といま自分が置かれている状況がおかしいことに気づき、次の年に別の職場に移ることにしたのです。

私が経験したことはひどいいじめや差別ではなく、よくある「職場のいやがらせ」かもしれませんが、それでもそのさなかにいるときは自分では「おかしい」とさえ思えなかったのです。まして、自分から「やめてください」などとはとても言えませんでした。

ここまでの話でわかるように、いじめや差別の被害を受けている人ができることは、せいぜい「私はそうされている」と気づくところまでです。

そう気づいたら、あるいは気づく前でも「なんかへん」と思ったら、とにかくまわりの信頼できる人に話してください。それを解決するのはあなたではなく、別の人です。

いじめや差別を受けて、それだけでもとても傷ついているのに、「勇気を持って立ち向かう」なんてとても無理だと私は思います。

いじめや被害に立ち向かうのは、それを受けている被害者本人ではなくて、まわりにいるおとな、友人、あるいはそれを見ている人など、第三者というのが基本です。もちろん、それに気づき、「もうやめてよ」と言えそうならそう言ってもよいのです。でも、それはまわりの誰かがひとりで直接、抗議するときと同じように、相手のさらなる怒りや攻撃につながることにもなりかねません。

その危険を避けるためにも、決して無理して「やめてよ」と伝える必要はありません。その場はなんとかしのいで、誰かに「なんとかして」と頼むのです。「助けて」と別の誰かに頼むことを遠慮する必要はありません。いまはあなたが誰かに助けてもらい、もしまたいつか誰かがいじめや差別を受けていたら、そのときはあなたが「よし、なにがいちばんいい方法か、考えるね」と助ける側になることも必ずあるからです。

もしかしたら、最初に相談したおとなや友だちが何もしてくれない場合もあるかもしれません。それに気づこうとしない人、手を貸したくない人がいることも、これまで説明してきました。

その場合も、決してあきらめてはなりません。次のおとな、次の友だちを探して話しましょう。そうすると必ず、だれか「えっ、それはひどいね。ちょっと待ってね。どうしたらいいか考えてみる」と言ってくれる人がいるはずです。

もし、誰もいない、という場合はどうするか。

そのときもあきらめてはなりません。近くの人には頼れない場合でも、誰かが被害を受けている人の力になり、助けてくれる場合があります。たとえば民間団体がやっている「チャイルドライン」という電話相談、東京の人なら「東京都いじめ相談ホットライン」という電話相談などもあります。文部科学省が開設している「24時間子供もSOSダイヤル」というのもあります。いまの子どもや若者はネットを使うのは得意ですから、「いじめ/電話相談」などと検索すると、いろいろなNPOの情報などが出てきます。

差別も同じです。民間団体の「反レイシズム情報センター」、法務省の「みんなの人権一一〇番」などいくつかの相談窓口があります。またネットのSNSを使い、反差別の情報を発信している人に相談してみることもできるかもしれません。

近くの人が助けてくれなくても、あきらめない。

いじめや差別を受けている人は、それを自分で解決する必要はありません。誰か解決してくれそうな人をさがすのが最優先。これが原則だと思います。

ここではあえて「家族に言いましょう」と言ってきませんでしたが、もちろん、あなたの親やきょうだいなどが聞いてくれそうなときは、まず家族に話してみるのがよいと思います。でも、家族はあまりに近すぎる人なので、場合によっては「よし、私が何とかしよう」と立ち上がってくれないこともあります。それは、あなたのことを大切に思っていないからではなく、「私の子どもがいじめられるわけはない」「うちの家族が差別？　まさか」と「否認」の力が強く働くからです。でも、家族が「それはたいへんだ」と動いてくれるときは、家族ほど頼りになるものはありません。

「私の家族は私が受けている被害を話したら、理解して助けてくれるだろうか。それとも別の人に頼んだほうがいいだろうか」ということは、あなたが考えて決める必要があります。

「誰に頼もう」ということを決めたら、あとはその人にまかせて何とかしてもらう。自分はその後ろに隠れ、これ以上、被害を受けないようにする。これがいじめや差別を受けている人のするべきことのすべてです。

くれぐれも「私の問題なんだから、自分でなんとかしなきゃ」と思わないようにしてください。あなたが、これ以上、傷つく必要はまったくないのです。

あとがき

差別はいけない。
いじめはいけない。
理由なんてない。とにかくいけない。

ずっとそう思ってきました。一時期、「どうして人を殺しちゃいけないの？」という問いがあちこちで議論されたことがありましたが、そのときも「どうして？」と理由を考え始めることじたい、いけないだろう、と思いました。作家や哲学者の中には、「どうして？」と問うのは自然なことであり、「考えることも間違っている」と制するのはよくない、と言う人もいました。しかし、「どうして人を殺してはいけないのか」という問いに真正面から向かい合うと、その答えは「『いけない』という理由は実ははっきりしなかった」となりかねません。「戦争で自分が殺されそうになったら、相手を撃ち殺すこともあるではないか」「人間は動物を殺して食べるではないか」などと突き詰めて考えていくと、「そうだよね、絶対殺しちゃダメなのだ、と証明することはできないんだよね」となってしまうからです。

では、論理的に証明することができなければ、人を殺してもいいのでしょうか。それは違います。私たちは人間として、なるべくお互いに信頼し合い、心を落ち着けて暮らしていくためにも、「人は人を殺さない」というのを基本ルールとする必要があります。そこには、厳密な論理も正確な理由もないはずです。

差別やいじめについてもそれと同じだ、と思ってきました。「なぜ差別やいじめをしちゃいけないの?」と問う人に私はこれまで、「じゃ、あなたはなぜ人間でいなくちゃいけないの、って問いに答えられる? それと同じですよ」と答えてきました。「差別やいじめをなぜしてはいけないのか」と考え始めると、「人間とはもともと差別やいじめをする生きものだ」といった考えに必ず行き着きます。そして、そこで考えを止めてしまい、「だから、差別やいじめをやめられないのだ」と言い出す人が必ずいるのです。

しかし、私たち人間は、「差別やいじめも仕方ないと認めていると、いっしょに生きていくことができない」と気づき、「とにかくそれはやめよう」と考えてここまで生き延びてきました。もちろん、長い歴史の中で、あるときは国や民族全体の問題として、あるときは身近なグループの中で、差別やいじめが起きてきました。ナチスのユダヤ人虐殺はこれまで人類が犯した最悪の人種差別と言われ、六〇〇万もの人が犠牲となりました。ただ、そういう失敗が起きるたび、人間は「間違ったことをしてしまった」と反省し、「今度こそは差別やいじめのない社会を作ろう」と誓ってきたはずです。そこでは「どうしてやっちゃいけないの?」などと問う人はいませんでした。

ところが最近、そういう人間の歴史や社会の約束ごとをすっかり忘れたかのように、あちこちで差別やいじめが起きるようになりました。それは日本だけの話ではありませんが、わが国ではとくに学校など若い人たちがいる場所で、特定の人をターゲットにしたいじめが繰り返し行われ、被害者が命を絶つなどの悲しいできごとが毎年のように起きています。

また、多くの人がやって来る繁華街を、数十人から百人を超える人たちが特定の人種や民族に対して「追い払え」「ぶち殺せ」などと大声で叫びながら行進する、いわゆるヘイトスピーチデモも、日本で目立って多く起きていると言われています。

ネットでのいじめ、差別はさらにすさまじく、深刻な被害が日々、生まれています。なんだか、日本はすっかり「差別といじめの国」になってしまったかのようです。これは「日本の危機」だと、私は心の底から心配しています。

とても黙っていられなくなり、差別やいじめをしている人たちに「やめなさい」と強く注意すると、必ずと言ってよいほど「どうして悪いんだ?」「人間が差別をやめることなんてできないんだ」といった答えが返ってきます。

その人たちを見ていて、私は心を決めました。

「差別やいじめをしてはいけない、ということに理由なんてない。人間が生き延びるために、どうしてもそれをやってはいけないんだ」と言っていても、もはや差別やいじめは止まらない。残念だけど、日本はそういう国になってしまったのだ。だとしたら、「なぜ差別やいじめは起きるのか」という問いまで戻って、そこから「どうしてダメなのか」「どうすればなくなるのか」と順番に考えていく必要がある……。

この本は、そんな私の「このままでは、日本が、人間が危ない」という危機意識から書かれたものです。ちょっと極端な例を多く紹介したかもしれませんが、それは「それくらいいまの世の中はひどいことになっている」ということをひとりでも多くの人に知ってもらいたかったからです。

でも、私は、こういった本を読んでとくに若い人たちが、「わかった。差別やいじめは人間が繰り返しやってしまうものだとしても、私たちはなんとしてもそれをなくしていかなければならないんだ」と気づいてくれたら、必ずこの流れを止められるはずだと思っています。実際に「差別をやめよう」「いじめ問題を考える」といった講演会やシンポジウムには、多くの学生たちが来て、真剣な表情で講師の話を聴いています。また、いろいろな形で差別をなくすためのアクションに参加する若者も増えてきました。みんな「このままではいけない」と思っているのです。

学生だけではありません。
私のそんな考えを理解し、いっしょにがんばりましょう、と言ってくれるおとなもいます。この本の編集者、ちくまプリマー新書編集部の鶴見智佳子さんもそのひとりです。鶴見さんとはこの本の企画から原稿書き、そしてまとめまで、ずっといっしょに考え、いろいろ意見を語り、私を励ましてくれました。この場を借りて鶴見さんにお礼を言いたいと思っています。

差別やいじめは、それを受けた人たちの心をズタズタに傷つけ、その被害は一生、続きます。また、それをやった人たちもその場はなんとなく自分が強くなったような錯覚を味わうかもしれませんが、そのあとには必ずイライラやモヤモヤを感じ、「他人を攻撃せずには生きられない」という状態になって、結局、一生を台なしにしてしまうこともあります。

差別やいじめは、私たちが心をあわせてがんばれば、必ずなくしていけるはずです。

これからもいっしょに考え、見つけたら止め、いろいろな人がいっしょに生きていける本当に豊かな社会を作っていきましょう！

ちくまプリマー新書

020
〈いい子〉じゃなきゃいけないの？
香山リカ
あなたは〈いい子〉の仮面をかぶっていませんか？ 時にはダメな自分を見せたっていい。素顔のあなたのほうがずっと素敵。自分をもっと好きになるための一冊。

074
ほんとはこわい「やさしさ社会」
森真一
「やさしさ」「楽しさ」が善いとされ、人間関係のルールである現代社会。それがもたらす「しんどさ」「こわさ」をなくし、もっと気楽に生きるための智恵を探る。

079
友だち幻想
――人と人の〈つながり〉を考える
菅野仁
「みんな仲良く」という理念、「私を丸ごと受け入れてくれる人がきっといる」という幻想の中に真の親しさは得られない。人間関係を根本から見直す、実用的社会学の本。

169
「しがらみ」を科学する
――高校生からの社会心理学入門
山岸俊男
社会とは、私たちの心が作り出す「しがらみ」だ。「空気」を生む社会そのものの構造を解き明かし、自由に生きる道を考える。KYなんてこわくない！

236
〈自分らしさ〉って何だろう？
――自分と向き合う心理学
榎本博明
青年期に誰しもがぶつかる〈自分らしさ〉の問題。答えを見出しにくい現代において、どうすれば自分らしく生きていけるのか。「自己物語」という視点から考える。

ちくまプリマー新書

152
どこからが心の病ですか？
岩波明
心の病と健常な状態との境目というのはあるのだろうか。明確にここから、と区切るのは難しいが、症状にはパターンがある。思春期の精神疾患の初期症状を解説する。

186
コミュニケーションを学ぶ
高田明典
コミュニケーションは学んで至る「技術」である。状況や目的、相手を考慮した各種テクニックを解説し、スキルを身につけ精神を理解するための実践的入門書。

067
いのちはなぜ大切なのか
小澤竹俊
いのちはなぜ大切なの？——この問いにどう答える？子どもたちが自分や他人を傷つけないために、どんなケアが必要か？ホスピス医による真の「いのちの授業」。

167
はじめて学ぶ生命倫理
——「いのち」は誰が決めるのか
小林亜津子
医療が発達した現在、自己の生命の決定権を持つのは、自分自身？　医療者？　家族？　生命倫理学が積み重ねてきた、いのちの判断を巡る「対話」に参加しませんか。

273
人はなぜ物語を求めるのか
千野帽子
人は人生に起こる様々なことに意味付けし物語として認識することなしには生きられません。それはどうしてなのか？　その仕組は何だろうか？

ちくまプリマー新書

ちくまプリマー新書

226
何のために「学ぶ」のか
——〈中学生からの大学講義〉1

外山滋比古／前田英樹／今福龍太／茂木健一郎／本川達雄／小林康夫／鷲田清一

大事なのは知識じゃない。正解のない問いを、考え続けるための知恵である。変化の激しい時代を生きる若い人たちへ、学びの達人たちが語る、心に響くメッセージ。

227
考える方法
——〈中学生からの大学講義〉2

永井均／池内了／管啓次郎／萱野稔人／上野千鶴子／若林幹夫／古井由吉

世の中には、言葉で表現できないことや答えのない問題がたくさんある。簡単に結論に飛びつかないために、考える達人が物事を解きほぐすことの豊かさを伝える。

228
科学は未来をひらく
——〈中学生からの大学講義〉3

村上陽一郎／中村桂子／佐藤勝彦／高薮縁／西成活裕／長谷川眞理子／藤田紘一郎／福岡伸一

宇宙はいつ始まったのか？　生き物はどうして生きているのか？　科学は長い間、多くの疑問に挑み続けている。第一線で活躍する著者たちが広くて深い世界に誘う。

229
揺らぐ世界
——〈中学生からの大学講義〉4

立花隆／岡真理／橋爪大三郎／森達也／藤原帰一／川田順造／伊豫谷登士翁

紛争、格差、環境問題……。世界はいまも多くの問題を抱えて揺らぐ。これらを理解するための視点は、どうすれば身につくのか。多彩な先生たちが示すヒント。

230
生き抜く力を身につける
——〈中学生からの大学講義〉5

大澤真幸／北田暁大／多木浩二／宮沢章夫／阿形清和／鵜飼哲／西谷修

いくらでも選択肢のあるこの社会で、私たちは息苦しさを感じている。既存の枠組みを超えてきた先人達から、見取り図のない時代を生きるサバイバル技術を学ぼう！

ちくまプリマー新書283
「いじめ」や「差別《さべつ》」をなくすためにできること

二〇一七年八月十日　初版第一刷発行

著者　香山リカ（かやま・りか）
装幀　クラフト・エヴィング商會
発行者　山野浩一
発行所　株式会社筑摩書房
東京都台東区蔵前二‐五‐三　〒一一一‐八七五五
振替〇〇一六〇‐八‐四一二三
印刷・製本　中央精版印刷株式会社

ISBN978-4-480-68988-7 C0237 Printed in Japan

乱丁・落丁本の場合は、左記宛にご送付ください。
送料小社負担でお取り替えいたします。
ご注文・お問い合わせも左記へお願いします。
〒三三一‐八五〇七　さいたま市北区櫛引町二‐六〇四
筑摩書房サービスセンター　電話〇四八‐六五一‐〇〇五三